梨園舊匾

北京文博交流館
北京市智化寺管理处
編

北京燕山出版社

图书在版编目（CIP）数据

梨园旧匾 / 北京文博交流馆，北京市智化寺管理处编 .
-- 北京 : 北京燕山出版社，2014.7
ISBN 978-7-5402-3567-3
Ⅰ . ①梨… Ⅱ . ①北… Ⅲ . ①牌匾—汇编—北京市
Ⅳ . ① K875.42
中国版本图书馆 CIP 数据核字 (2014) 第 121005 号

編　　者：北京文博交流館　北京市智化寺管理處
責任編輯：夏　艳　申　妙
封面設計：紅螞蟻設計工作室
出版發行：北京燕山出版社
社　　址：北京市西城區陶然亭路 53 號
郵　　編：100054
電話傳真：010-63555979
印　　刷：北京雅昌藝術印刷有限公司
開　　本：210×285　1/16
字　　數：168 千字
印　　張：12.5
版　　別：2014 年 12 月第 1 版
印　　次：2014 年 12 月第 1 次印刷
ISBN　978-7-5402-3567-3
定　　價：398.00 元

顧　問：朱家溍　劉嵩崑
主　編：薛　儉
副主編：周　嚴　孫素華
執行主編：楊志國
編　委：薛　儉　周　嚴　孫素華　楊志國　楊　薇
撰　稿：楊　薇　楊志國
攝　影：楊志國

前言

梨園舊匾

朱家溍

丙子年臘月裏的一個早晨，我和王金璐先生被北京文博交流館的車接到智化寺，辨認一批舊匾。

智化寺是明朝正統年間司禮監秉筆太監王振出錢建造，這座廟的規模雖不大，但也很軒敞，并且正殿裏的壁畫和西配殿的轉輪藏都是這座廟的特點。在接我們去的前一天，工作人員已經把匾從庫房提出一部分，擺在天王殿，供我們看。這是一批在「梨園公會」懸挂過的不同時代的匾額。匾額年代最早的是光緒年間，最晚的是民國三十多年的。匾上人名的排列有的可以看出是某一行當，例如生、旦、净、丑，或音樂、服裝管理，甚至有分行更細的。但也有不分行當的，例如排列着某一戲班的全體人員。其中兩塊匾我曾經見過，一塊是「梨園新館」，款署「時慧寶」，從前此匾懸挂在位于正陽門外櫻桃斜街路北的梨園公會大門上，另一匾是余叔岩寫的，全體人名約百余人，都是文武生行，且曾經在《北京畫報》發表過照片。其余的匾都未曾見過。這些匾共七十余方，收録七科四行三千余位演職人員的姓名，其中有些著名的演員當然是熟悉的，還有不熟悉的，或者見于有關書面資料中，但還有不少人名是第一次看到。據說在「文革」前，智化寺曾經是文化局工程隊的倉庫，自從智化寺文物保管所（文博交流館的前身——編者注）成立後，文博交流館的工作人員發現廟墻角落破爛木材堆中有上述的七十余方匾額，于是逐一清除泥土，遷入室内，揉拓成爲拓本。七十余方匾都貯藏在文物架上，從此不再受風吹雨打和暴曬。

從「梨園新館」一匾可以説明上述七十余方不同時代的匾都曾經在梨園新館中懸挂過。經「文革」時期的拆除，才由文化局工程隊把它們堆積在木材庫，梨園新館是梨園公會最後的會址。從前各行業都有行會，譬如厨師的行會在竈君廟、木匠的行會在魯班館，都有本行的成員集體敬獻的匾額。戲曲演員當然也不例外。清代，北京的戲曲演員行會設在精忠廟，到民國初年成立「正樂育化會」，後演變爲梨園公會，會址在糧食店天壽堂，後來又因産權問題，遷到櫻桃斜街，所以名爲「梨園新館」，以區別于原來的老館，梨園新館中的不同時代的匾額，有的是從老館遷移來的，有的是新館成立後懸挂的。匾文的含義首先是對神的歌頌，或者是集體共同想互勉勵、修身敬業等等一類的辭藻，匾文下排列的人名即獻匾者。凡戲曲演員和樂隊以及舞臺工作人員，都必須正式拜師才准搭班。遇有集體獻匾的機會，爭取參加署名，這樣才不折不扣地成爲梨園行中被承認的一員。

這七十余方匾額上排列的三千多演職人員的姓名，是從清代光緒年間至民國三十余年間，這正是「亂彈」戲的全盛時期，這時期的演員也正是京班大戲以昆亂不擋爲標准要求的時期。

北京文博交流館的領導及全體同志編印這部圖册爲京劇史提供了重要數據，是非常可貴的。而這部書的策劃者和擔任具體編印工作的同志又都不是戲劇專業人員，這更是值得稱贊的。

目録

劇通科

音樂科

其他

梨園

梨園舊匾

行當是中國戲曲特有的表演體制，簡稱「行」。京劇舞臺上的一切都來源于生活，但又不能完全按照生活的原貌呈現，而是根據所扮演角色的性別、性格、年齡、職業以及社會地位等等，在化妝、服裝各方面加以若干藝術的誇張，這樣就將舞臺上的角色劃分爲不同的種類，這些類型的專有名詞叫作行當。不同行當的演唱方法、表演藝術，都有各自的特點。

京劇脫胎于徽班，徽班分爲九個行當，分別爲末、生、小生、外、旦、貼、夫（即老旦）、淨、丑；漢班則多一「雜」，共爲十門。京劇形成後，參照了徽、漢舊制而有所變通，分爲生、旦、淨、末、丑、副、外、武、雜、流十行。生、旦、淨、丑的內涵與今天大致相同。因爲老生行當的界定比較嚴格，專指以唱工爲主、戴黑髯（黑胡子）的角色，因此出現了「末行」和「外行」。「末行」，專指戴黪髯（灰色胡子）、以做工爲主的生行角色；「外行」，指戴白髯（白胡子）、以做工爲主的生行角色。此外，「副行」是指二花臉，即介于淨、丑之間的角色；「雜行」是指扮演旗手、傘夫、車夫、船夫、家院等角色的演員；「武行」指扮演武戲中的莊丁、武士等，基本上只表演武打，很少開口；「流行」指扮演龍套、軍士、衙役、宮女、太監等成組出現的群衆角色。後來，末、外二行歸入了老生行，副行分別歸入了淨行和丑行。

七行

梨園舊匾

二十世紀三十年代北平的梨園公會設立了文武生行、小生行、文武占行（即旦行）、文武淨行、文武丑行、武行、流行等七個行當。在智化寺收藏的梨園牌匾中，這七個行當的演員所敬獻的匾額均有體現。

本部分介紹的是從一八八八年至一九四四年，梨園弟子中文武生行同人敬獻的匾額共十二方，收錄人物六百余位。這一時期恰恰與京劇發展的前三個歷史階段相吻合，即成熟階段（一八八〇年至一九一七年左右）、鼎盛階段（一九一七年至一九三七年左右）、暫時衰落階段（一九三八年至一九四九年左右），這一時期京劇發展的狀況通過這些梨園牌匾中收錄的人員，就可充分地反映出來。在京劇發展的鼎盛階段，參加獻匾的人不僅數量多，而且知名度也大，而其他兩個階段均不及此。這十余塊匾即有「武生泰斗」楊小樓，著名的「四大須生」、小生「三仙」之一的程繼仙，藝術大師周信芳；還有一些梨園世家，如：葉椿善、葉世長父子，李桂春、李少春父子，言菊朋、言小朋、言少朋父子等等。正是由于他們的出現以及他們精熟完美的舞臺表演，才使當時的京劇呈現出群芳競艷、流派紛呈的局面，把京劇藝術推向了一個高峰。在這些匾額收錄的人員中，有許多人既是表演藝術家，又是京劇教育家。他們不僅在舞臺上創造了許多不朽的藝術形象，而且還培養出一大批優秀的梨園後代。如：葉椿善先生創建「喜連成」、「富連成」班科，俞振庭先生主持「斌慶社」，李萬春先生先組「永春社」後辦「鳴春社」，余叔岩等人發起「國劇傳習所」，馬連良、高慶奎、李洪生等先生任教于中華戲曲專科學校，他們為繁榮和發展京劇教育事業，做出了巨大貢獻。他們的學生有的至今還活躍在京劇舞臺上，為振興京劇起着極其重要的作用。

生行是扮演男性角色的行當，其中包括老生、小生等幾個門類。老生可分為文老生、武老生；小生也可分為文小生和武小生，統稱文武生。老生又稱須生、胡子生，因老生均戴髯口（胡須）而得名。因角色不同分別戴不同顏色的胡子。有三綹的黑三、黲三、白三；有不分綹的黑滿、白滿、黲滿。嚴格來說，只有戴黑三的才可稱之為老生。但隨着老生角色範圍的不斷擴大，也就沒有那么嚴格的區別了。從表演形式上老生分為唱工老生、做工老生和武老生。其中唱工老生、做工老生為文老生。武老生有長靠老生、短打老生之分。長靠老生又稱靠把老生，短打老生又稱箭衣武老生。小生是指扮演年輕男性的角色，特點是不戴胡子。表演上的特點是唱、念都以真假聲互相結合。小生分為文武兩類。文小生有袍帶小生、扇子生、翎子生、窮生等。武小生有長靠、短打兩種。

生行「老生行」「小生行」

生行是扮演男性角色的行當，其中包括老生、小生等幾個門類，老生可分爲文老生、武老生；小生也可分爲文小生和武小生，統稱文武生。本部分介紹的是從一八八八年至一九四四年，梨園弟子中文武生行同人敬獻的匾額共十二方，收錄人物六百余位。該部分包含了「文武生行」和「小生行」同人敬獻的牌匾。

《接續梨園》

年代：光緒十四年（一八八八年）

規格：寬一百五十六厘米 高八十六點五厘米

此匾主體文字系從右向左刻「接續梨園」四個大字，右側爲「光緒戊子五月初三日 敬立」，左側爲「小榮椿班 衆學生叩」。四字上方居中刻一個「獻」字，四字下方列舉人名六十位。此匾立于光緒戊子年，即公元一八八八年，收錄了小榮椿班部分學生的姓名，其獻立時間恰與首班學生畢業時間相符，可以推測爲小榮椿班首科學生所立。此匾是研究京劇史較重要的實物資料。

小榮椿班——京劇科班。清光緒六年（一八八〇年）由楊隆壽創辦。首科學生于光緒十四年（一八八八年）滿師。學生以「椿」字排名，如楊椿甫（小樓）、程椿德（繼先）、馮椿和、郭椿山、葉椿善、郭椿淵（水仙花）等。該科班在第二科學生未畢業時即停辦。後重建，改名「小天仙」，又培養出傑譚小培、范寶亭、遲月亭、閆嵐秋等著名學生。小榮椿班擅演劇目有《火雲洞》、《雙心門》、《三俠五義》等。

獻

接續梨園

光緒戊子五月初三日　敬立

程椿德　楊椿林　朱椿祥　□椿□　朱椿祐　陸椿□　劉椿□①　遲椿□　梁椿鳳　陳椿□　沈椿□②　唐椿平　高椿順　沈椿生　羅椿有　徐椿明　程椿官　□椿福　方椿光　徐椿富　唐椿永　董椿□　郭椿慶　錢椿來　夏椿權　鄔椿泰　靳椿旺　李椿秀　孫椿泉　田椿虎

張椿斌　蔡椿祿　郭椿翠　彭椿方　劉椿貴　李椿如　朱椿蘭　劉椿安　朱椿香　韓椿發　韓椿亭　郭椿山　何椿恩　曹椿英　張椿葵　靳椿瑞　王椿貴　劉椿意　曹椿耀　宋椿岩　高椿榮　鄭椿愛　韓椿亮　□椿明　單椿福　唐椿海　錢椿□　葉椿善　杰椿倣　嚴椿雙

小榮椿班　衆學生叩

注：

①「劉椿□」應爲「劉椿泉」，

②「沈椿□」應爲「沈椿嵐」。

【管領霓裳】

年代：民國十五年（一九二六年）

規格：寬二百二十五厘米

高一百一十二厘米

此匾主體文字系從右向左刻「管領霓裳」四個大字，右側爲「丙寅孟夏 穀旦」，左側爲「余叔岩書」及印章刻款。匾下部爲「文武生行……同人等立」，列舉人名一百四十四位，其中就包括著名的「武生泰斗」楊小樓。此匾系北平梨園公會請余叔岩書寫。

余叔岩（一八九〇年至一九四三年），原名第祺，藝名「小小余三勝」。祖籍湖北，生于北京。清末著名老生余三勝之孫，著名花旦余紫雲之子。幼年承家學，九歲開始學藝，先後從其長兄伯欽、吴聯奎學老生，與姚增禄練功學武生。十三歲在「福慶班」演唱。十五歲到天津「下天仙」搭班演戲，有「小神童」之譽。十八歲後因變聲在家休養，并向錢金福、王長林、陳彦衡、王君直、溥侗等人學習。二十四歲，加入著名票房「春陽友會」。一九一五年拜譚鑫培爲師。在學習他家之長的同時，又加以變革，從而形成具

丙寅孟夏　穀旦

管領霓裳

文武生行

劉景然　沈韵秋　湯明亮　李春福　屈玉春　韋久峰　張喜華　田寶峰　朱天祥　蔡榮貴　譚春仲　李玉奎　趙達齊　葉春善　許靄臣　左春林　德建堂　尚和玉　楊小樓　陳子田　朱德福　俞振庭　胡少卿　陳嘉璘

楊長喜　陸福來　孫振升　王海泉　茹錫九　馬德成　時慧寶　鮑吉祥　①楊孝方　謝月奎　王鳳卿　譚小培　王又宸　張榮奎　姚俊卿　于振廷　劉鳳樵　金仲林　孫景泉　高登甲　朱湘泉　遲月亭　沈延臣　李桂芳

袁德光　陸少林　孟小如　沈華軒　李鳳鳴　文德啟　楊忠和　杜俊芳　甄洪奎　毛韻珂　黃少山　于德芳　陳桂亭　周瑞安　姚佩亭　張遠峰　張玉奎　郭仲衡　言菊朋　王榮山　陳葵香　陸少棠　張春彥　董勝奎

余叔岩　高慶奎　喬玉林　楊瑞亭　張桂芬　王毓樓　扎金奎　閻嵐亭　吳堃芬　方福喜　周靜山　程少餘　崇鶴年　呂正一　張奎勝　李春林　遲景昆　周春亭　李德海　周嘉如　金繼賢　趙芸田　谷德才　方寶泉

譚少泉　鈕玉庚　莫敬一　李玉安　俞贊庭　王玉杏　李玉龍　陳玉惠　林永年　李春義　馮春福　苗勝春　王菊芳　周信芳　劉硯芳　董月山　康喜壽　雷喜福　劉奎官　余勝蓀　孟鳳儀　宋桂卿　李瑞亭　張小山

譚春桐　王澤民　唐玉美　方友泉　高登雲　②曹喜彥　孫小山　閻喜林　陳少武　全幼琴　侯樹田　吳玉鈴　高德玉　貫大元　王喜秀　陸德芬　朱德奎　張雲濤　陳月山　李慶芳　劉硯宸　侯海林　李洪春　張連福

余叔岩書

同人　等立

有獨特風格的「余派」演唱藝術。三十年代後，凡唱老生者均以「余派」爲規範而習之。擅演劇目《戰太平》、《空城計》、《定軍山》、《南陽關》、《失印救火》、《搜孤救孤》等。

注：

①「楊孝方」應爲「楊孝芳」。

②「曹喜彥」應爲「曹奎彥」。

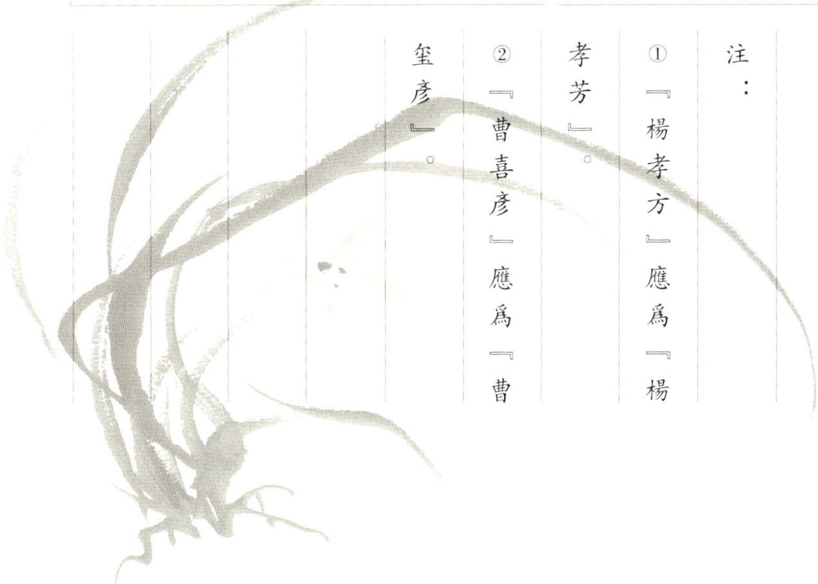

【黃中通理】

年代：民國十六年
（一九二七年）

規格：寬一百七十點五厘米
高八十八點五厘米

此匾主體文字系從右向左刻隸書「黃中通理」四個大字，右側爲「丙寅年十二月文武生行恭」；左側爲「郭仲衡敬書」及印章刻款「郭權之印」和「仲衡」；四字之上正中有一「獻」字，四字之下刻有人名七十八位。此匾是研究京劇史較重要的實物資料。

該匾收錄的人物大多是「富連成」科班的弟子，其中以高連甲、李盛斌等較爲著名。京劇表演藝術家哈寶山先生也收錄其中。

丙寅年十二月文武生行

恭

獻

黃中通理

孟福祿　何慶成　薛寶善　姚德寶　雙鳴鴻　王連平　錢保榮　金榮升　黃少峰　哈寶山　胡寶銘　郝喜倫　胡俊銘　白富來　李蔭山　韓春亭　祁成龍　會三龍　張盛利　張玉印　徐長齡　甄柏祥　劉永春　陳秀華　陳少華　李盛國

吳喜崑　劉月樓　羅萬才　李慶喜　陳富芳　蘇富憲　馮富堃　蘇盛軾　陳盛菊　錢盛川　王福庭　高連甲　戴福厚　楊盛春　何盛清　邱盛華　韓盛岫　李盛才　李盛斌　遲玉奎　王鶴蓀　鈕松泉　福壽山　姜鑫坪　趙頌南　豐仲賢

周玉明　于志洪　筱雨亭　周冒華　王永泉　王少泉　吳金林　殷連瑞　常鳳剛　張德順　孫順通　宋之茂　李進才　張福華　王玉興　寇連升　郭玉良　郭福海　黃智斌　王福之　郭福祥　張德壽　李寶奎　于沛霖　梁鵬翊　胡顯亭

郭仲衡敬書

【梨園永存】

年代：民國十七年（一九二八年）

規格：寬一百六十六厘米
高七十二點五厘米

此匾主體文字係從右向左刻「梨園永存」四個大字，四字之上正中刻有一「獻」字，匾下部為「……仝人叩」，列舉人名二十七位。右側為「丁卯年十二月」。

獻

梨園永存

丁卯年十二月

叩

劉德珍
芦德山
李德山
李廣山
李艷雲
董貴林
李貴和
趙郁山
郭振起
劉文林
張德成
董桂林
董玉文
桂品卿
胡金升
蘇文海
宋玉瑞
陳來喜
王玉祥
李德海
劉長林
馮吉順
張仰宗
張福順
董世元
來順義
裴步元

仝人

【接續梨園】

年代：民國二十年（一九三一年）

規格：寬一百二十七點五厘米，高五十四厘米

此匾主體文字系從右向左刻「接續梨園」四個大字，右側為「庚午年十二月」，匾下部列舉人名二十三位。

接續梨園

庚午年十二月

徐霖□①
何佩□②
李香白
趙瑤琴
張仰宗
馮吉順
宋玉瑞
陳來喜
王玉祥
李德海
劉長林
關煥文
馬漢雲
王寶才
黃長鳳
王鳳奎
張吉祥
李福貴
郭潤濤
李春瑞
吳蘭坡
遲喜珠
蘇月卿

注：

①「徐霖□」應爲「徐霖甫」。

②「何佩□」應爲「何佩華」。

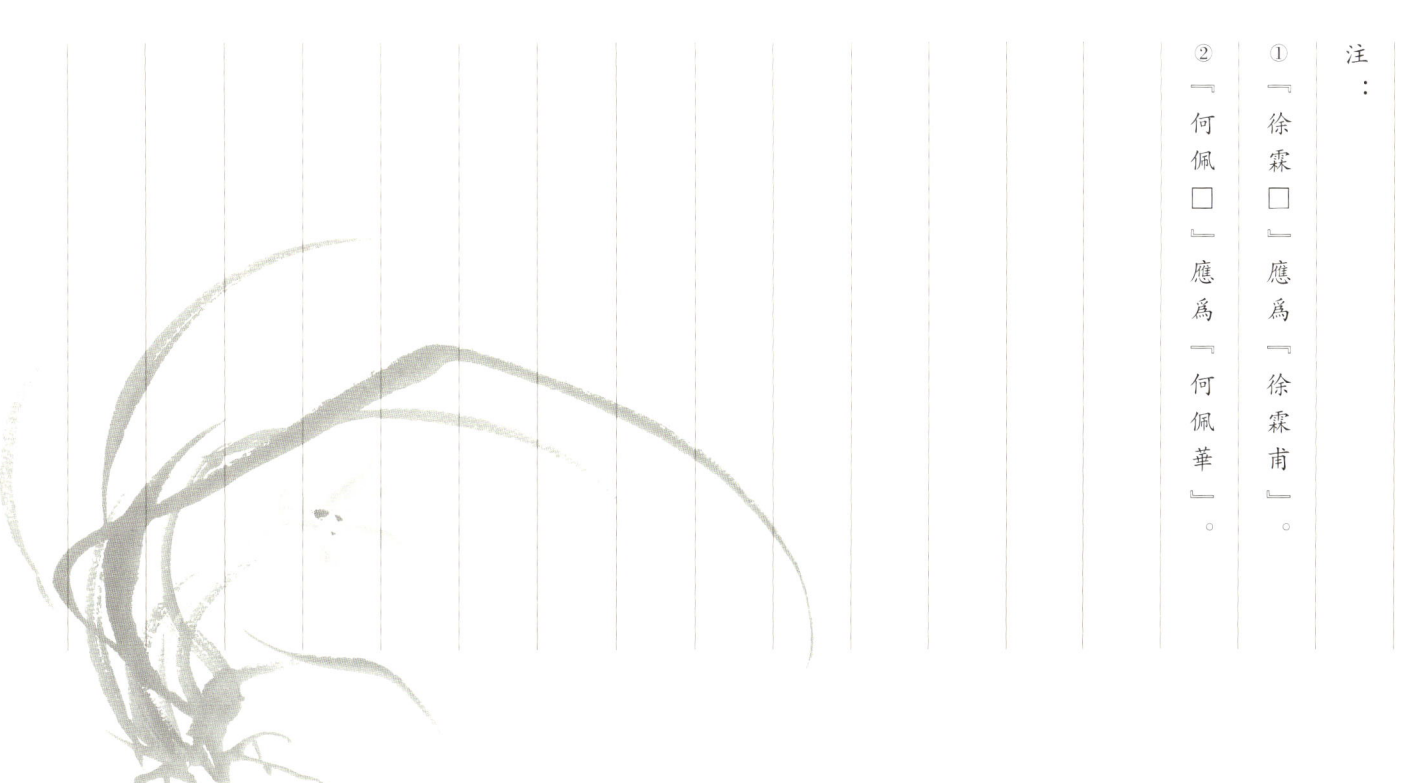

【宏德衍澤】

年代：民國二十一年（一九三二年）

規格：寬一百七十九點五厘米，高七十八厘米

此匾主體文字系從右向左刻「宏德衍澤」四個大字，右側爲「民國壬申仲冬月初三日」，左側爲「郭仲衡熏沐敬書」及印章刻款「郭權之印」和「仲衡」，并「梨園文武生行全人公立」，匾下部列舉人名一百零三位。

郭仲衡（一八八九年至一九三二年），原名權，北京人，原爲醫生，喜愛京劇，與賈洪林關系較近，專學汪（桂芬）派，常在「春陽友會」演唱，中年後改行爲專業演員。他嗓音高亮干淨，唱腔雄勁豪壯，唱法有汪派特色，扮相雍容華貴，擅演王帽戲，當時對他評價爲「飾貌端雅，有佩玉鳴鑾之度」。常演戲目有《完璧歸趙》、《四郎探母》、《文昭關》、《取成都》、《戰長沙》、《華容道》、《白馬坡》等。後曾與程硯秋合作演出。

民國壬申仲冬月初三日

宏德衍澤

胡俊民 袁瑞庭 張恩澤 趙子英 陳喜光 余潤泉 石月明 高百歲 白家麟 莊少竹 楊占元 馬俊臣 張福崑 韓斌永 李貴和 盧德山 郭振起 裴步元 劉文林 董桂林 李德山 張瑞珍 李廣山 朱福濤 余文湧 陳鐘鳴

傅幼卿 吴俊衡 張春竹 吴少芳 黃安意 徐松元 費志信 李雨田 秦鳳山 楊小亭 李盛成 唐仲三 賀洪亮 王士英 孫治斌 周永恒 姚世如① 譚豫德 劉仲烋 王永立 李和浦 盧振彦 傅少安 王德鑫 李鳳翔 黃益安

任益庭 王益春 龐少雲 張書年 秦月樓 王皇元 李進才 宋玉林 李益勝 王恒仁 趙溪遠 周榮奎 王啟泉 李啟貴 舒啟祥 王啟明 陳秀廷 劉順金 沈春奎 吴彬奎 陳連清 裴世玉 戴慶盛 陳世忠 譚春貴 劉永林

于學文 趙菊隱 劉盛志 曹世嘉 邱盛沛 耿世忠 鮑盛啟 姜鴻年 李世琦 胡盛岩 李雲鳴 俞世龍 朱帷清 白窩宗 高連甲 李世林 王鳳奎 朱雲翔 王德祥 李萬和 吴士衡 梁福田 宗钰聲 余承華 李閣華

郭仲衡濡沐敬書

梨園文武生行仝人公立

注：

①「姚世如」應爲「姚世茹」。

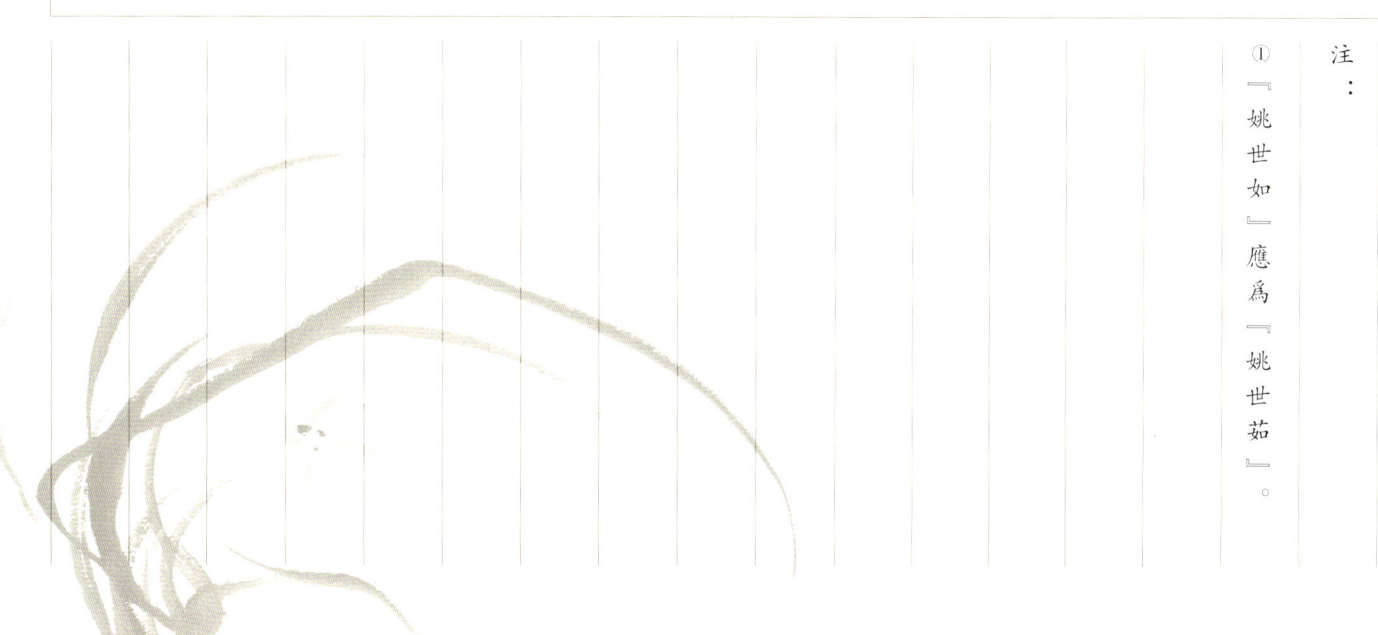

【梨園華園】

年代：民國二十三年、

（一九三四年）

規格：寬一百三十二厘米

高六十九點五厘米

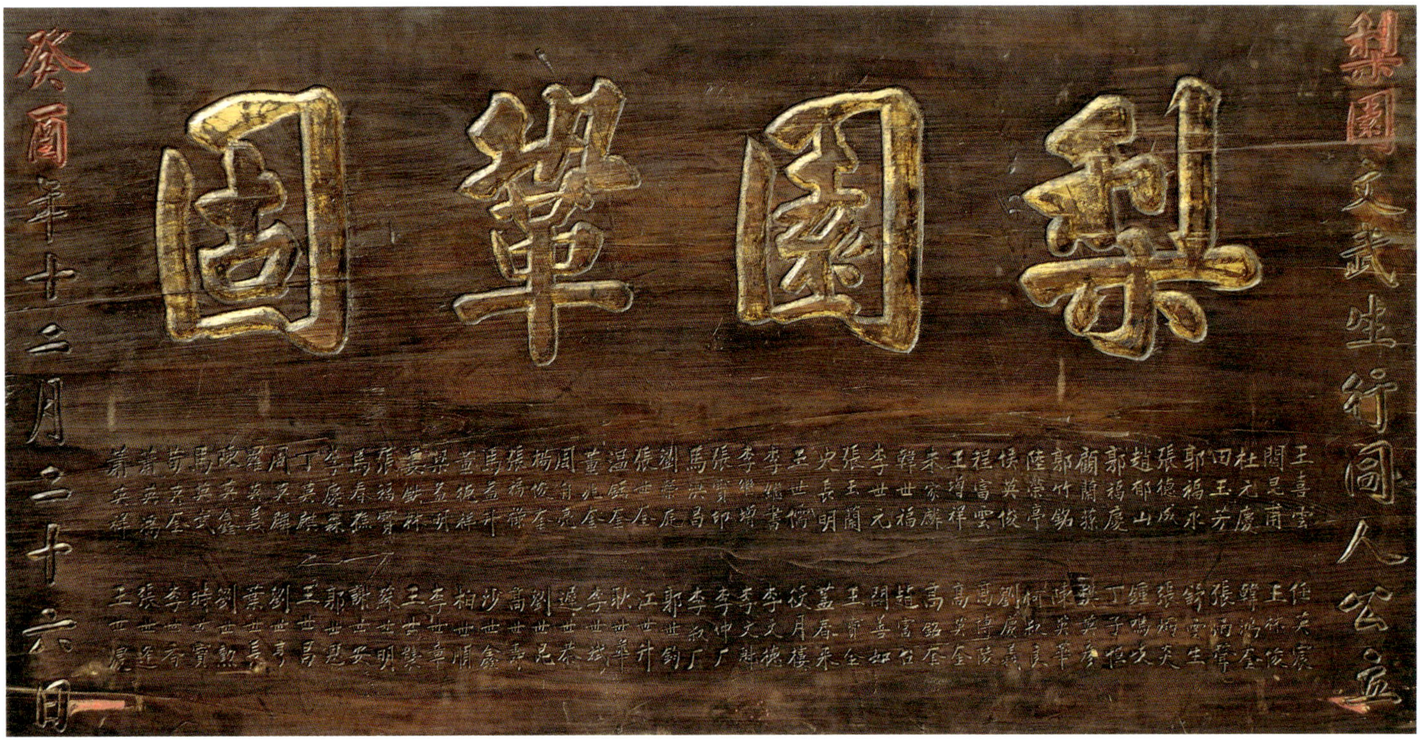

此匾主體文字系從右向左刻「梨園華園」四個大字，右側為「梨園文武生行同人 公立」，左側為「癸酉年十二月二十六日」，匾下部列舉人名九十二位。

梨園文武生行同人　公立

梨園鞏固

王喜雲　關昆甫　杜元慶　田玉芳　郭福永　張德成　趙郁山　郭福慶　顧蘭蓀　郭竹銘　陸榮亭　侯英俊　程富雲　王增祥　朱家麟　韓世福　①李世元　張玉蘭　史長明　王世儒　李繼書　李繼增　張寶印

馬洪昌　劉榮庭　張世奎　溫鈺奎　董兆奎　周自亮　楊俊奎　張福祿　馬益升　董德祥　梁益明　姜铁林　張福寶　馬春樵　李慶森　丁英麒　周英麟　羅英義　陳英鑫　馬英武　苟英奎　蕭英鴻　②蕭英祥

任英宸　王林俊　韓鴻奎　張雨聲　舒雲生　張炳炎　鍾鳴岐　丁子恒　樊英彥　陳英華　何叔良　劉慶義　高博陵　高英奎　高銘奎　趙富台　關善如　王寶全　蓋春來　筱月樓　李文德　李文魁　③李仲厂

④李叔厂　郭世鈞　江世升　耿世華　李世斌　遲世恭　劉世昆　高世壽　沙世鑫　柏世順　李世章　王世襄　蘇世明　謝世安　郭世恩　王世昌　劉世亨　葉世長　劉世勳　時世寶　李世香　⑤張世逢　王世濃

癸酉年十二月二十六日

注：

①「李世元」應爲「李世源」。

②「蕭英祥」應爲「蕭英翔」。

③「李仲厂」應爲「李仲厰(ān)」。

④「李叔厂」應爲「李叔厰(ān)」。

⑤「張世逢」應爲「張世蓬」。

【發揚國粹】

年代：民國二十七年、（一九三八年）

規格：寬一百五十五厘米　高七十點五厘米

此匾主體文字系從右向左刻楷書「發揚國粹」四個大字，右側爲「北京新民會首都□導部國劇職業分會　鑒」；左側爲「李桂春率子少春敬贈　中華民國二十七年十月穀旦吉立」。此匾是研究京劇史較重要的實物資料。

李桂春（一八八五年至一九六二年），藝名小達子。河北霸縣人。幼年曾在碼頭做船工。十二歲入「永勝和」梆子科班學戲，先學武生，後改老生。民國後唱京劇老生，宗李吉瑞。擅演《獨木關》、《風波亭》、《讀送靈》、《逍遙津》、《打金磚》等戲。

新中國成立後，任河北戲曲學校校長。

北京新民會首都□導部國劇職業分會 鑒

發揚國粹

李桂春率子少春敬贈

中華民國二十七年十月穀旦 吉立

【藝界榮光】

年代：民國二十七年（一九三八年）

規格：寬一百二十六厘米 高六十一點五厘米

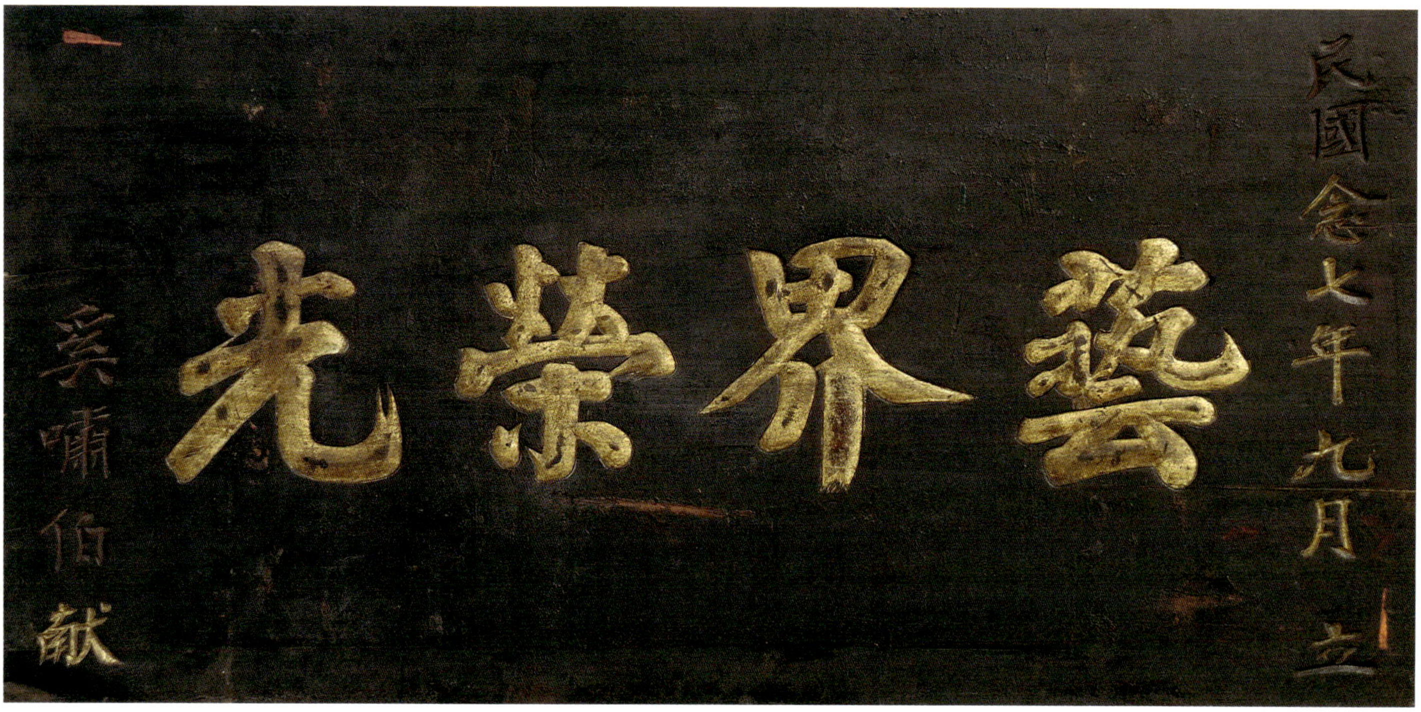

此匾主體文字系從右向左刻楷書「藝界榮光」四個大字，右側爲「民國念七年九月立」，左側爲「奚嘯伯獻」。此匾是研究京劇史較重要的實物資料。

奚嘯伯（一九一〇年至一九七七年），北京人。票友出身。宗譚派。從師言菊朋。三十年代初開始搭班演出。一九三五年入承華社。後與張君秋、李洪春等人組忠信社。其表演藝術世稱「奚派」。三十年代末與馬連良、譚富英、楊寶森并稱「四大須生」。擅演劇目《梅龍鎮》、《空城計》、《十道本》、《法門寺》、《白帝城》、《蘇武牧羊》等。

解放後，任嘯聲京劇團團長、奚嘯伯京劇團團長，石家莊專區京劇團團長。

民國念七年九月 立

藝界榮光

奚嘯伯 献

【藝貫全球】

年代：民國三十年

（一九四一年）

規格：寬一百二十六厘米

高七十厘米

此匾主體文字係從右向左刻楷書「藝貫全球」四個大字，右側爲「辛巳年二月二日立」，左側爲「文武生行同心恭獻」；四字下方列人名一〇二位，其中收録了馬連良先生之子馬崇仁、叔伯兄弟馬最良，言菊朋先生之子言少朋、言小朋。此匾是研究京劇史較重要的實物資料。

馬最良，原名馬叔良。一九一三年出生于上海，原籍北京，回族藝術家。與馬連良是親叔伯兄弟。他自幼聰明，八歲登臺，十三歲唱正戲。少年即嶄露頭角，與李萬春、藍月春、王少樓并稱「童伶四杰」。在京劇界，有「南麒（麟童）北馬（連良）關外唐（韵笙），西北有個馬最良」的雅稱。

藝貫全球

辛巳年二月二日　立

沈澄霖　薛德泉　陳德寶　張益蘭　辛志庚　呂啟榮　楊榮陞　張世成　何寶童　王鐵俠　郭鳳岐　朱金琴　王春亭　朱憲臣　荀令文　錢樹宜　王鳳春　宋德元　張文澂　周金銘　馬崇仁　馬最良　史濟源　林殿祥　閻啟坤　宋福興

張德麟　關德咸　陳鐵英　吳德成　王元綱　張益源　滿連山　王長海　張文麒　陳德祿　王益祿　張硯宸　俞啟得　郭志珍　邵月宗　常梓卿　李俊庭　陶德春　紀英甫　雙一飛　朱子荃　馬君武　徐福來　張文仙　蘇文聲　于鳳坡

張玉皋　王金麟　虞仲衡　伊克勤　李志民　佟鈺鑫　王世續　張鴻誼　李嘯麟　周又宸　管紹華　沈金啟　商俊奎　王世良　言小朋　陳士良　馬玉田　韋三奎　張鴻聲　李之疆　張嘉本　王榮波　壬和合　劉德山　李夆元　李英良

王玉奎　周麒芳　羅文全　高家祥　陳玉成　崔仲三　王慶成　胡少安　馬洪良　陸通泉　田瑞霖　崔啟壽　王英傑　陳寶善　李盒棠　王琴生　施玉新　盛連奎　吳少亭　王光宇　言少朋　于文芳　劉寶霖　梁福雨

文武生行同心恭獻

【優孟薪傳】

年代：民國三十三年（一九四四年）

規格：寬一百一十六厘米 高五十六厘米

此匾主體文字系從右向左刻楷書「優孟薪傳」四個大字，右側爲「中華民國三十三年八月穀旦」；左側爲「馬連良率徒王」以下文字缺失。此匾是研究京劇史較重要的實物資料。

馬連良（一九〇一年至一九六六年），字溫如，北京人。其父經營茶館，業余喜戲。馬連良年幼時曾隨父學唱京劇。一九〇九年，入「喜連成」科班學藝，教師爲葉春善、郭春山、蕭長華、蔡榮貴等，并受大師兄雷喜福指點。一九一一年馬連良在科內登臺演出，素有「小洪林」之稱（洪林指賈洪林）。

馬連良十八歲出科。出科後，邊實踐邊學習。先後得到了孫菊仙、賈洪林、劉景然的指點，并求藝于王瑤卿、王長林、楊小樓等名家，同時不斷創新，終于發展成爲獨樹一幟的「馬派」表演藝術。早在二十年代，

中華民國三十三年八月 穀旦

優孟薪傳

馬連良率徒 王

馬連良便躋身于「四大須生」之列，三四十年代，馬連良又位列「後四大須生」之首，在衆須生名宿中，馬連良與周信芳并譽爲「北馬南麒」。

擅演劇目《蘇武牧羊》、《串龍珠》、《四進士》、《清風亭》、《打漁殺家》、《甘露寺》、《群英會》、《八大錘》、《一捧雪》、《火牛陣》、《十老安劉》、《海瑞罷官》等。

新中國成立後，馬連良老當益壯，仍活躍在新中國的京劇舞臺上。歷任北京京劇團團長、北京市戲曲學校校長。

第二八頁

【光藝園榮】

年代：民國二十九年、（一九四〇年）

規格：寬一百一十厘米

高五十九厘米

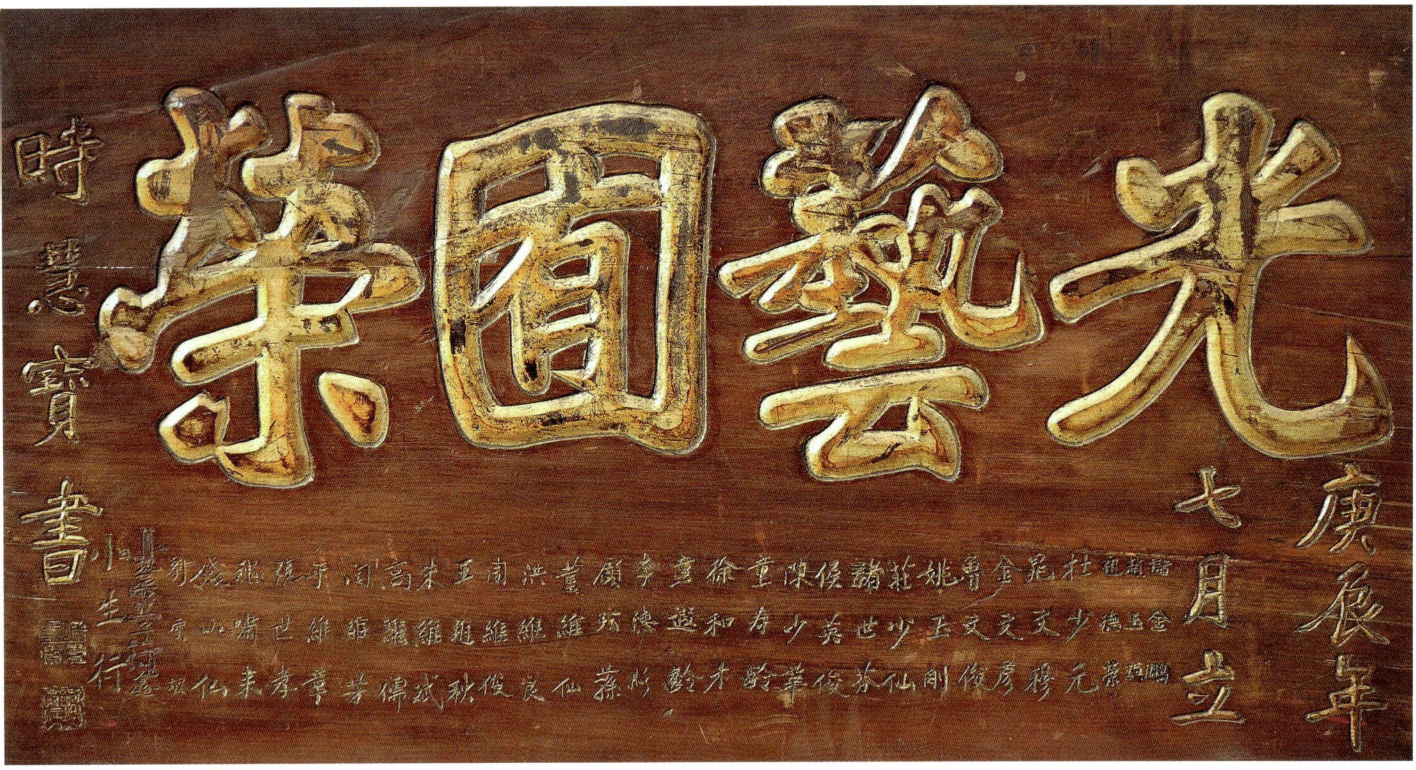

此匾主體文字系從右向左刻楷書「光藝園榮」四個大字，右側下爲「庚辰年七月立」，左側爲「時慧寶書」及印章刻款「時慧寶印」和「智農」，旁邊刻有「小生行」；四字下方列人名三十位。此匾是研究京劇史較重要的實物資料。

時慧寶（一八八一年至一九四三年），字炳文，號智農。名旦時小福之子，祖籍蘇州，生于北京。爲孫（菊仙）派老生傳人。與汪（桂芬）派須生王鳳卿、譚（鑫培）派須生余叔岩，在清末民初有「青年老生三杰」之稱。時慧寶的嗓音高亮清澈，演唱實大聲宏，酣暢痛快不遜于高慶奎，不足之處是調高嗓直，乏于韻味。其所擅長的劇目有《逍遥津》、《金馬門》、《三娘教子》、《雍凉關》、《朱砂痣》、《馬鞍山》、《鐵蓮花》、《戲迷傳》、《法門寺》、《三顧茅廬》、《上天臺》、《柴

庚辰年七月立

光藝囿榮

時慧寶書

儲金鵬 李德彤
趙玉璜 顧玨蓀
祖德榮 董維仙
杜少元 洪維良
晁文穆 周維俊
金文彥 王維秋
魯文俊 朱維斌
姚玉剛 高維儒
莊少仙 閔維芳
諸世芬 于維章
侯英俊 張世孝
陳少華 魏嘯來
童壽齡 錢小仙
徐和才 劉雲坡
童遐齡 鞏子鑫
小生行

桑口》、《桑園寄子》、《雪杯圓》、《問樵鬧府》等戲。時慧寶演劇不重做派，身段動作不拘泥于舞臺規範，抬手投足，隨心所欲，劇評家稱其爲「名士派」。

時慧寶精書法，通詩文，他從魏懿公學習書法，運筆工秀，爲劇界之書法家。同時他還能咏詩、操琴，藝術修養頗深。一九三四年時慧寶在天津演出《戲迷傳》，他當場書寫了「收復國土，還我東北」的大字條幅，表示他對帝國主義侵略我國國土的憤怒。他平日温文爾雅，與人親善和睦，雖生活清苦，却肯于助人，深受戲劇界尊重。

本部分展示了從一九二六年至一九四三年期間部分旦角名伶所捐獻的牌匾共六方，收録了演藝人員二百余人。這六方匾中，有二十世紀三十年代脱穎而出的四小名旦中的三位，即李世芳、毛世來和張君秋。其中，張君秋先生在演唱上吸取了梅蘭芳的「甜」，程硯秋的「婉」，尚小雲的「堅」，荀慧生的「綿」，合四家之長，形成了張君秋獨特的剛健委婉、俏麗清新的演唱風格。又如被稱爲「武旦第一人」的閻嵐秋先生，能將文戲演技用于武旦表演之中，因而他演的武戲體現出急而不爆、武而不躁、英姿穩健的表演風格。此外，還有著名京劇演員黄桂秋、趙桐珊、趙君玉、黄玉麟、李金鴻、南鐵生、臧嵐光等一批優秀的演藝人員。

旦行流派的出現比生行晚許多年，盡管在「同光十三絶」時已有梅巧玲、余紫雲、時小福、朱蓮芬等頗負盛名的旦角演員。當時旦角内青衣和花旦分工很嚴格，限制了表演技巧的發揮，至清朝末年，旦角仍處于配角地位，可以説旦角流派的出現經歷了很久的准備階段。直到清末民初，經過藝術大師王瑶卿的革新，才突破了青衣和花旦的嚴格界限。在他的指導和扶植下，培養了梅蘭芳、程硯秋、荀慧生、尚小雲等名角，他們在長期的舞臺生涯中，不斷積累、創造、完善，形成了不同的風格和流派。四大名旦的崛起，爲京劇藝術增添异彩，從此，旦行與生行平分秋色。

旦行是指扮演各種不同年齡、性格、身份的女性角色，可分爲青衣、花旦、花衫、刀馬旦、老旦和彩旦。按照舊傳統，青衣在旦行裏占主要位置，青衣的扮相都是端莊正派的人物，表演的特點是以唱工爲主。花旦則以做工和説白爲主，表現性格活潑開朗的角色。武旦扮演的是精通武藝的女性角色，分短打武旦和刀馬旦。老旦的表演特點是唱、念都使用本嗓，又具有女性婉轉迂回的韻味。彩旦又被稱爲「丑婆子」，唱念用本嗓，説京白，重做工表演，化妝誇張，是以滑稽和詼諧表演爲主的喜劇角色。

旦行

旦行是扮演各種不同年齡、性格、身份的女性角色的行當，可分爲青衣、花旦、花衫、刀馬旦、老旦和彩旦。本部分展示了從一九二六年至一九四三年期間部分旦角名伶所敬獻的牌匾共六方，收録了演藝人員二百余人。這六方匾中，有三十年代脱穎而出的四小名旦中的三位，即李世芳、毛世來和張君秋。

【眾志成城】

年代：民國十五年（一九二六年）

規格：寬一百五十八點五厘米，高七十八厘米

此匾主體文字系從右向左刻「眾志成城」四個大字，右側爲「丙寅年冬月」，左側爲「姚長海敬獻」。

丙寅年冬月

衆志成城

姚長海敬獻

【同詠霓裳】

年代：民國十六年

（一九二七年）

規格：寬一百六十二厘米

高六十九點五厘米

此匾主體文字係從右向左刻「同詠霓裳」四個大字，四字之上正中有一「獻」字，右側爲「丙寅年十二月占行　恭」，左側爲「郭仲衡敬書」及印章刻款「仲衡」和「郭權之印」，匾下部列舉人名八十七位。

丙寅年十二月占行 恭

獻

同詠霓裳

侯俊山 崔松林 高炑韡 王芸芳 程玉聰 趙桐珊 姚長海 松介眉 李凌楓 韓海亭 龔富洪 陳碧雲 安永義 趙廣蘭 劉春舫 魏永泉 汪慶安 孫梅雲 關麗卿 馮慶安 李德寶 胡滿堂 英智臣 馬小山 劉山林 仲盛珍 富德林 錫潤山 李喜宗

黃桂秋 薛甫臣 寶佑亭 王田甫 單新如 張秀卿 張德鳳 沈辰林 李德山 張菊舫 陳恒喜 彭斌連 趙綺霞 唐秀蓮 占吉順 何雅秋 張月亭 薛德仙 耿雨田 蘇煥亭 桂蝶香 李玉亭 貫春如 張玉平 胡致祥 趙永祥 谷銀 陳盛孫 朱盛凌

蘇盛轍 南盛山 朱盛富 趙斌芝 謝斌甫 武喜長 郭云卿 李成林 張文貴 董妙香 穆竹泉 張永發 閆玉蓮 梁玉寶 玉靜塵 關蓉甫 錢澤臣 趙君玉 張連喜 馬潤武 李霖霙 余寶霖 李墨香 蕭畹秋 劉畹茹 李翰臣 王盛意 陳麗芳 姚寶才

郭仲衡敬書

【永賴神庥】

年代：民國十六年

（一九二七年）

規格：寬一百五十七厘米

高七十厘米

此匾主體文字系從右向左刻「永賴神庥」四個大字，右側為「中華民國十六年歲次丁卯六月」，左側為「弟子趙君玉敬叩」，四字上方居中刻一個「獻」字。此匾為趙君玉獻立。

趙君玉（一八九四年至一九四三年），名雲麟，原籍安徽，生于上海，為著名鼓師趙松壽之孫，武生趙小康之子。最初學花臉，藝名大大奎官，改習小生、武生後，始名君玉。因長期為馮子和配演小生，對馮子和的唱念和做工有較深的研究和體會，改演旦角後漸露頭角。一九四一年與梅蘭芳合演《五花洞》之後，名聲大噪。趙君玉天資聰敏，扮相秀麗，在譚鑫培、夏月珊、馮子和、梅蘭芳、歐陽予倩等名家教導影響下，在演技方面頗多建樹，幾次赴京獻藝都載譽而歸，成為南派旦角中的突出人物。

中華民國十六年歲次丁卯六月

獻

永賴神庥

弟子趙君玉敬叩

【藝園增光】

年代：民國二十二年（一九三三年）

規格：寬一百二十一點五厘米，高六十點五厘米

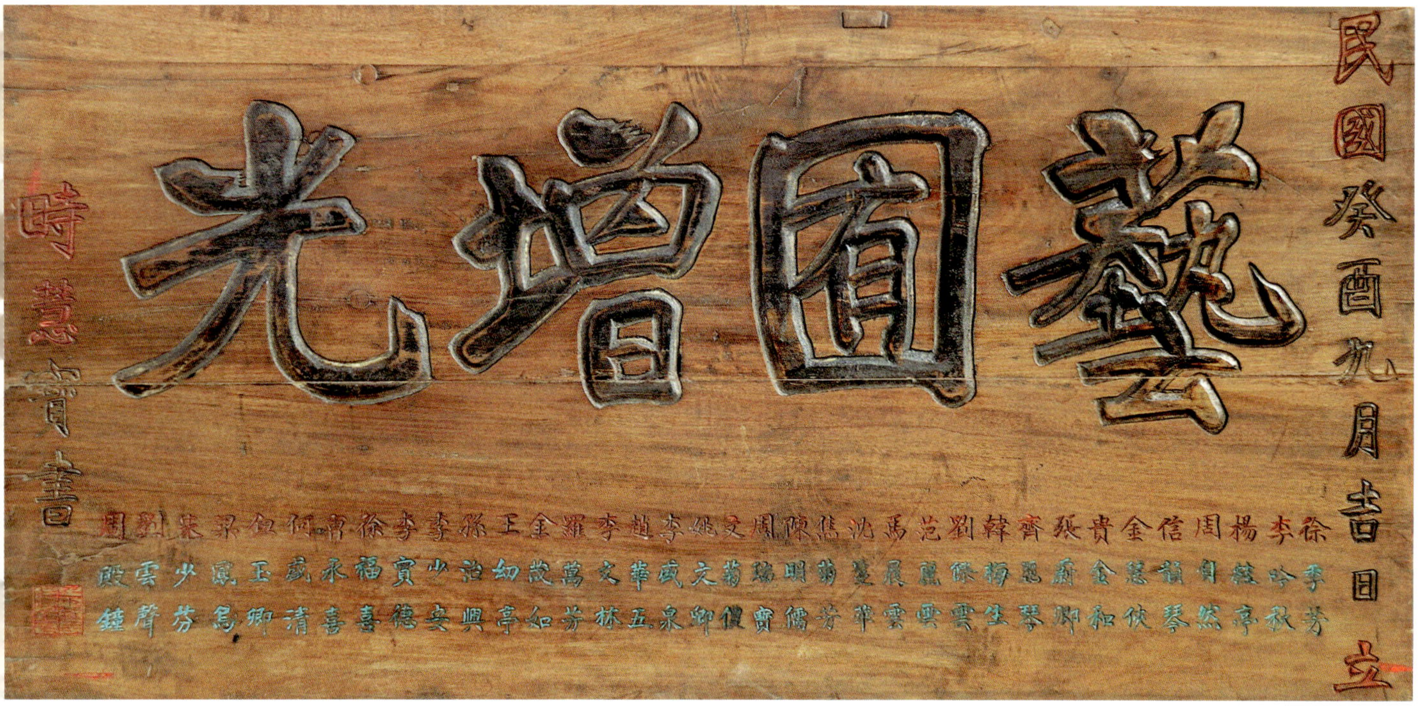

此匾主體文字系從右向左刻「藝園增光」四個大字，右側爲「民國癸酉九月吉日立」，左側爲「時慧寶書」及印章刻款，匾下部列舉人名三十六位。

民國癸酉九月吉日 立

藝圃增光

徐季芳 李吟秋 楊桂亭 周自然 信韻琴 金慧俠 貴全和 張蔚卿 齊麗琴 韓梅生 劉傑雲 范麗雲 馬履雲 沈鬘華 焦菊芳 陳明儒 周瑞寶 文菊儂

姚文卿 李盛泉 趙華五 李文林 羅萬芳 金茂如 王幼亭 孫治興 李少安 李寶德 徐福喜 曹永喜 何盛清 鈕玉卿 梁鳳鳥 朱少芬 劉雲聲 周殿鐘

時慧寶書

【白雪新聲】

年代：民國三十年

（一九四一年）

規格：寬八十四點五厘米

高四十九點五厘米

此匾主體文字系從右向左刻「白雪新聲」四個大字，四字之上正中刻有一「獻」字，右側爲「辛巳仲春穀旦敬」，左側爲「倪孟英率徒陳硯華叩」。

辛巳仲春穀旦敬

獻

白雪新聲

倪孟英率徒陳硯華叩

【荷蔭懷德】

年代：民國三十二年（一九四三年）

規格：寬一百四十一厘米
高六十八點五厘米

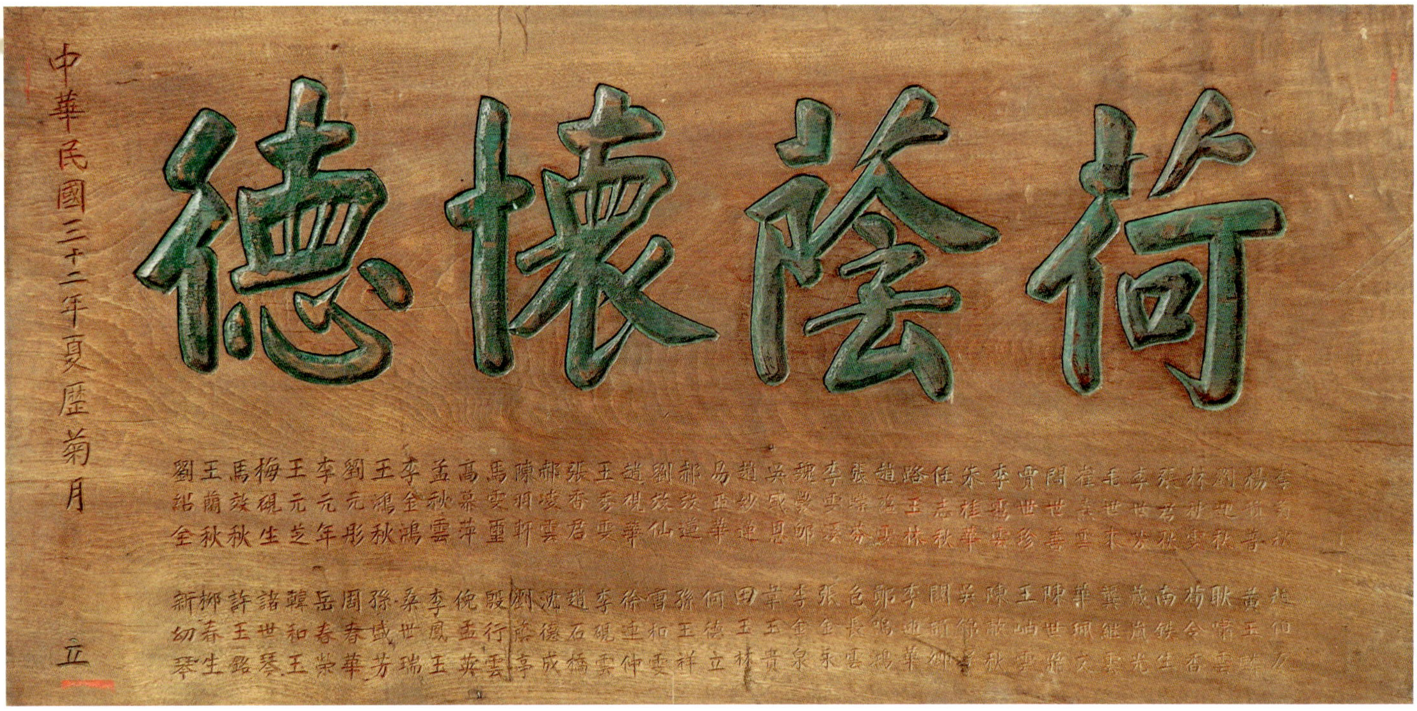

此匾主體文字系從右向左刻楷書「荷蔭懷德」四個大字，右側無字，左側爲「中華民國三十二年夏歷菊月 立」，四字下方列人名八十位，其中包括「四小名旦」中的三位，即張君秋、李世芳、毛世來。此匾是研究京劇史較重要的實物資料。

荷蔭懷德

李菊秋 陳羽軒 鄭鳴鴻
楊韻普 馬雯璽 包長雲
劉迎秋 高慕萍 張金永
林秋雯 孟秋雲 李金泉
張君秋 李金鴻 韋玉貴
李世芳 王鴻秋 田玉林
毛世來 劉元彤 何德立
崔熹雲 李元年 孫玉祥
閻世善 王元芝 曹和雯
貫世珍 梅硯生 徐連仲
李霨雲 馬效秋 李硯雲
朱桂華 王蘭秋 趙石橋
任志秋 劉紹全 沈德成
路玉林 趙伯友 劉蔭亭
趙蘊雯 黃玉麟 殷行雲
張蝶芬 耿嘯雲 倪孟英
李雯溪 荀令香 李鳳玉
魏敩郇 南铁生 桑世瑞
吴盛恩 藏嵐光 孫盛芳
趙妙蓮 龔继雲 周春華
易亞華 華珮文 岳春榮
郝效蓮 陳世鼐 韓和玉
劉效仙 王岫雲 諸世琴
趙硯華 陳獻秋 许玉銘
王秀雯 吴锦溪 柳春生
張香君 關韻卿 新幼琴
郝凌雲 李迎華

中華民國三十二年夏歷菊月 立

智化寺收藏的梨園牌匾中有五塊是由凈行演員敬獻的。這些牌匾獻立的時間自一九二六年至一九三七年，這個時期正是京劇藝術發展史上的鼎盛時期。當時凈行涌現出一批知名演員，并且各自形成了自己的流派，如：金少山創立的「金派」，因為演唱時嗓音寬亮、實大聲宏，而以「鐵嗓龍音」著稱。在這五塊匾中，還找到了裘盛戎、袁世海等大師的名字。裘盛戎所創的「裘派」在五十年代取代了「金派」，出現了一統京劇凈行三十年的局面。此外，這些牌匾上還記錄了二百余名凈行演員的姓名。

凈行，俗稱花臉，又叫花面，在臉上勾畫臉譜，扮演男性角色。凈行的表演特色是：音色洪亮寬闊，唱腔粗壯渾厚，動作大開大闔，頓挫鮮明。凈行分為正凈、副凈和武凈三類。正凈以唱工為主，故又稱唱工花臉。京劇《二進宮》裏的徐彥昭，是典型的唱工花臉，因他手持銅錘，所以人們就把「銅錘」作為唱工花臉的代名詞。還有很多包公戲，大多唱工繁重，包公又是畫黑色臉譜的代表人物，所以「黑頭」也就成為唱工花臉的代名詞。副凈包括架子花臉（簡稱「架子花」）和二花臉。架子花臉以工架、念白、表演為主，還要有唱工。一個優秀的「架子花」，應該是文武全才。隨着時代的發展，純粹重唱工的劇目顯然是比較單調的，「架子花」屬于「表演花臉」，是應該發展的方向。白凈（奸臣臉），如曹操、趙高，也屬于架子花應工。二花臉也屬于副凈範疇，雖然也勾臉譜，但表演風格近似丑角。武凈又叫「武二花」，或「摔打花臉」，只重武打，不重唱、念。有些武凈戲重工架。後來一些武凈戲，由武生兼演，武凈戲的範圍日益縮小。

净行

净行，俗稱花臉，又叫花面，是在臉上勾畫臉譜，扮演男性角色的行當。本部分收録了五塊由净行演員敬獻的牌匾。這些牌匾獻立的時間自一九二六年至一九三七年，這個時期正是京劇藝術發展史上的鼎盛時期。當時净行湧現出一批知名演員，并且各自形成了自己的流派。

【粉墨登場】

年代：民國十五年（一九二六年）

規格：寬一百零三點五厘米，高五十五點五厘米

此匾主體文字系從右向左刻楷書「粉墨登場」四個大字，右側爲「乙丑年嘉平月穀旦」；左側爲「梨園淨行同人勝慶玉 陳永春 賈富通 段富環立」及印章刻款「朱濚素雲」；四字之下刻有人名五十一位。此匾是研究京劇史較重要的實物資料。

朱濚（一八七二年至一九三〇年），又名素雲，號紉秋，字稚仙。江蘇蘇州人。武旦朱小元之子。先入錢秋菱開設的「熙春堂」學昆旦，後改小生。拜「四喜班」小生鮑福山爲師。又經徐小香的指點。他唱做兼精，演戲英俊瀟灑大方。擅長劇目有《射戟》、《取南郡》、《臨江會》等；同時，又兼擅武戲，如《霓虹關》的王伯當、《穆柯寨》、《破洪州》的楊宗保等，尤其對槍的架勢，英武灑脫，與王瑤卿、楊小朵三人有「三美」之稱。對小生表演的哭與笑均有所創造。他

乙丑年嘉平月 穀旦

粉墨登場

常俊亭 朱德山 玉硯亭 沈春奎 趙鳳林 德子文 松如亭 趙壽臣 張玉峰 李勝奎 殷春虎 張春海 王德義 馬俊山 趙起榮 金少山 貫春虎 鍾喜久 劉奎官 孫慶春 楊壽山 張樹田 趙起祥 黃慶奎 朱澐

傅長才 劉鳳山 曾長勝 白雁秋 韓玉甫 蘇連漢 梁連柱 謝春芳 范斌祿 韓富信 高富山 馬斌龍 李永安 芮寶珍 張春芳 黃永志 王玉本 苑德仁 霍明如 邱玉山 石三立 李德奎 李志 陳富康 王有才 朱殿卿

勝慶玉 陳永春 貫富通 段富環

梨園净行同人 立

戲路寬廣，腹笥淵博，為繼王楞仙、鮑福山之後的小生杰出人才。于光緒三十三年入署。曾與梅蘭芳、尚小雲、程硯秋配戲。

【一鳴驚人】

年代：民國十六年（一九二七年）

規格：寬一百一十四點五厘米，高六十厘米

此匾主體文字系從右向左刻「一鳴驚人」四個大字，右側為「丙寅年嘉平月 穀旦」，左側為「朱澐 凈行同人等 曾長勝 郭燕奎 屈漢臣 王振銘 方玉珍 王連雨 徐小奎 立」，及印章刻款「素雲」，匾下部列舉人名六十一位。

丙寅年嘉平月 穀旦

一鳴驚人

劉永奎 德慶海 李福武
婁廷玉 韓盛秀 馮德陞
景玉奎 郝盛群 王德福
張永喜 許盛奎 何德祿
韋永茂 韓盛信 王之裕
李順榮 孫盛元 榮富華
寇順祥 李盛佐 董永海
杜斌信 劉盛仁 慶富餘
閆春泰 陳盛德 高壽山
毛永韻 王德昌 楊富茂
康少卿 孫盛文 年仲崑
曹明允 馮盛泉 李盛佑
郭玉奎 劉連榮 志俊亭
張菊奎 張慶玉 周華亭
劉少峰 張慶龍 郭永祿
王慶祿 孟順元 楊永竹
王殿甲 馬慶舫 ①吳永同
韓福順 陳慶虎 耿長壽
郭佩山 鍾慶亮 陳寶峰
郭福海 石慶順
鍾連明 王慶玉
曾長勝 郭燕奎
屈漢臣 王振銘
方玉珍 王連雨
徐小奎

朱澐
净行同人等 立

注：

①「吳永同」應爲「吳永桐」。

【義志永同】

年代：民國二十一年（一九三二年）

規格：寬九十五厘米 高五十四點五厘米

此匾主體文字系從右向左刻「義志永同」四個大字，右側爲「中華壬申年巧月張永成于三武 吉立」，左側爲「淨行發起續匾人沈福山 唐長利 于永立 周瑞翔」。四字之下有人名八十位。此匾是研究京劇史較重要的實物資料。

義志永同

中華壬申年巧月

張永成 于三武 吉立

滿福山 郝恒連 孟爕卿 楊富葉 黃桂芳 仉少奎 程永龍 李少奎 于永海 何少奎 白慶祥 陳明杰 蘇文海 趙慶奎 趙富春 王明森 郭玉明 戴盛來 霍益仲 秦福奎 張喜廣 羅盛遠 薛廣福 褚子良 王泉奎 郭益成 汪源奎

裴世英 郭榮利 汪鑫福 張洪祥 唐福順 沙振祥 康鑫魁 張英奎 丁福亭 楊世珍 劉海泉 連振東 唐友三 王廷樹 林盛竹 徐盛遠 劉盛棠 毛盛榮 張盛存 周益富 王盛之 劉盛漢 葉盛茂 高盛洪 薛盛忠 朱盛業 張盛亭

張盛俊 裘盛戎 趙雙奎 袁世海 劉世亭 李世睦 楊世春 袁世湧 陳世鼎 徐世宸 艾世環 陳世權 馬世祿 李世慶 吳世甫 譚世英 胡桂山 金益臣 張榮祥 錢玉堂 張富臣 朱錫華 李永升 周益茂 景又山 馬世嘯

净行發起續匾人

沈福山 唐長利 于永立 周瑞翔

【藝界增榮】

年代：民國二十六年（一九三七年）

規格：寬一百五十六點五厘米，高七十八厘米

此匾主體文字系從右向左刻楷書「藝界增榮」四個大字，右側為「丁丑年春月十五日誠」；左側為「金少山立 時慧寶書」及印章刻款，四字上方正中，刻一「獻」字。

此匾是研究京劇史較重要的實物資料。

金少山（一八九〇年至一九四八年），本名義，字仲義，北京人，滿族。工淨。名淨金秀山之子。幼承家學，并從架子花臉韓二雕（樂卿）、何通海、屈北奎、劉永春學過戲。後與梅蘭芳配戲演《霸王別姬》而一鳴驚人，得「金霸王」之稱。他嗓音洪亮，聲震屋瓦，身材魁梧，氣勢奪人。一九三七年，金少山由上海返回北京組建松竹社，公演四天，其演技征服了北京的廣大觀眾，無不嘆服其技藝之高絕。金少山之所以成名，除他得天獨厚的藝術條件外，還在于他多年的藝術實踐和不斷摸索出來的舞臺經驗。另外，

獻

丁丑年春月十五日 誠

藝界增榮

金少山 立
時慧寶 書

在其藝術上的成就也有賴于他的創新精神。

金少山的演出劇目頗爲寬博，代表劇目有《草橋關》、《白良關》、《刺王僚》、《捉放曹》、《牧虎關》、《審李七》、《霸王別姬》、《法門寺》、《御果園》、《盜御馬》、《斷密澗》、《鍘美案》、《太行山》、《取洛陽》、《黄一刀》、《清風寨》等。

他開創了「金派」，宗者頗多，得其神者，有吳松岩、王泉奎、婁振奎、趙炳嘯等。

【衍藝相承】

年代：民國二十六年（一九三七年）

規格：寬一百二十厘米 高六十厘米

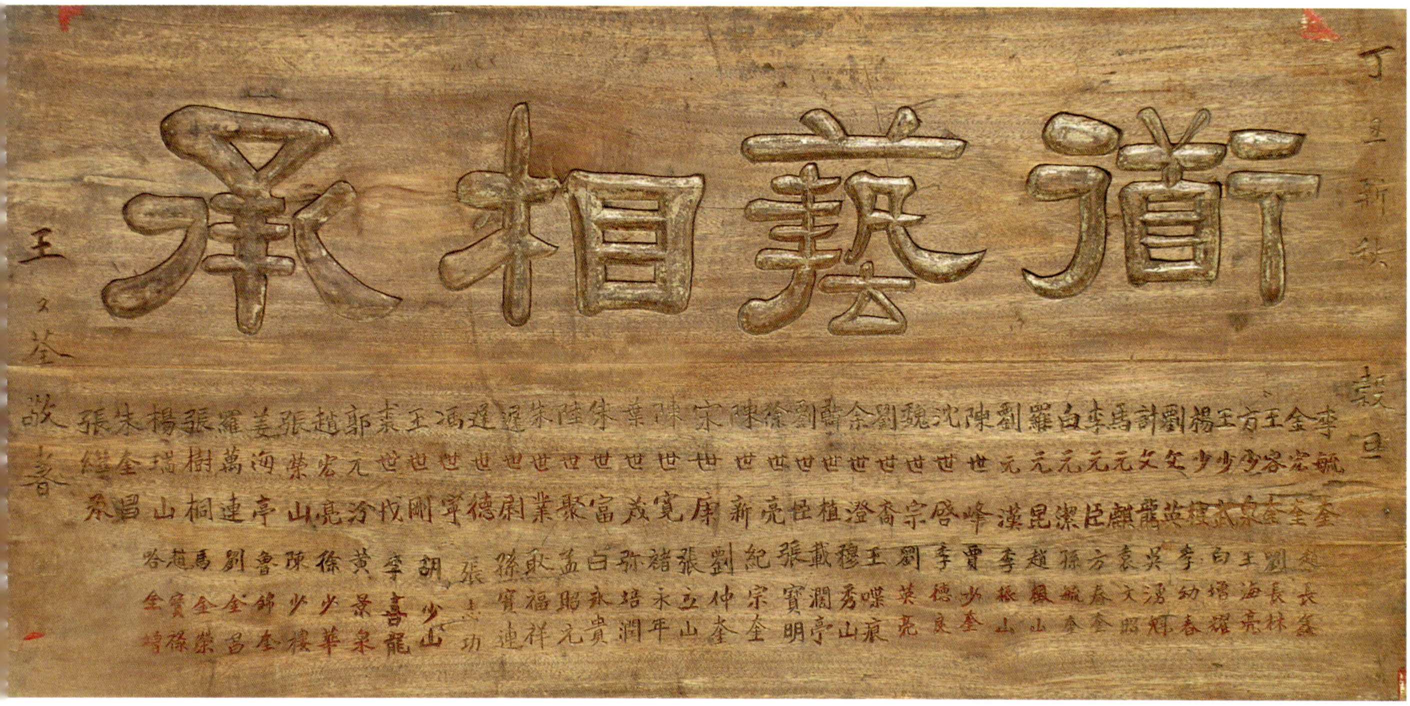

說明

此匾主體文字系從右向左刻「衍藝相承」四個大字，右側為「丁丑新秋穀旦」，左側為「王又荃敬書」，匾下部列舉人名八十位。

丁丑新秋 穀旦

衜藝相承

王又荃 敬書

李毓奎 金宏奎 王容奎 方少泉 王少武 楊少樓 劉文英 計文龍 馬元麒 李元臣① 白元潔② 羅元昆 劉元漢 陳世峰 沈世啓 魏世宗 劉世喬 余世澄 韓世植 劉世臣 徐世亮 陳世新 宋世康 陳世寬 葉世茂 朱世富 陸世聚

朱世業 遲世尉 遲世德 馮世寧 王世剛 袁世戊 郭元汾 趙宏亮 張榮山 姜海亭 羅萬蓮 張樹桐 楊瑞山 朱奎昌 張繼承 趙長鑫 劉長林 王海亮 白增耀 李幼春 吳湧魁 袁文昭 方春奎 孫毓奎 趙鳳山 李振山 賈少奎

李德良 劉英亮 王喋痕 穆秀山 載闊亭 張寶明 紀宗奎 劉仲奎 張立山 褚永年 弥培潤 白永貴 孟昭元 耿福祥 孫寶連 張志功 胡少山 李喜龍 黃景泉 徐少華 陳少樓 魯錦奎 劉金昌 馬金榮 趙寶祿 哈金增

注：

①「李元臣」應爲「李元宸」。

②「白元潔」應爲「白元杰」。

丑行，演員以詼諧、幽默的表演吸引觀衆。這一行當在京劇中非常重要，智化寺一共收藏了丑行演員聯名敬獻的匾額五方，獻匾時間從一九二四年至一九四一年。在這些牌匾中出現了王長林、蕭長華、慈瑞泉、郭春山等人，他們是當時丑行的知名人物。其中王長林、蕭長華、郭春山這幾位先生被視爲丑行的一代宗師，不僅自己的表演臻于完美，還毫不隱瞞地把心得體會傳授給後人。他們創造出了獨特的表演風格，如王長林的唱、念、做形成了「王派」；而蕭長華則以念白流暢，富于美感而見長。在這些名人中，郭春山、蕭長華和慈瑞泉又被京劇界贊譽爲「丑行三大士」。匾額還收録有二百余人的姓名，這些人雖然有的無從查考，但這些匾額也成爲研究京劇史的重要實物資料。在這五方匾中，有一方是非常特殊的，這就是由七名違反會規的梨園弟子共同獻立的「謹言慎行」牌匾。從中，我們可以在一定程度上了解當時梨園弟子的生活。

丑行，又名小花臉，或三花臉，可分爲文、武兩類。文丑分爲方巾丑、袍帶丑、茶衣丑、巾子丑、彩旦丑等。方巾丑扮演有文化的人，文質彬彬，但有些迂腐，頭戴方巾，身穿褶子，手持折扇，一般説韵白。袍帶丑扮演官吏，戴紗帽，穿官衣。最多見的是茶衣丑，着短藍布褂子，多扮演勞動人民。巾子丑是介乎于方巾丑與茶衣丑之間的角色，説京白，有時穿長衫，表演風格比茶衣丑略嚴謹一些。武丑又名開口跳，這種角色要求武功精湛，動作輕巧敏捷，性格機智，多爲俠客義士。

丑行

丑行，又名小花臉或三花臉，可分爲文、武兩類。這一行當在京劇中非常重要，演員以詼諧、幽默而吸引觀衆。智化寺一共收藏了丑行演員聯名敬獻的匾額五方，獻匾時間從一九二四年至一九四一年。在這些匾中出現了王長林、蕭長華、慈瑞泉、郭春山等當時丑行的知名人物。

【義重流傳】

年代：民國十三年（一九二四年）

規格：寬一百二十厘米 高六十二點五厘米

此匾主體文字系從右向左刻楷書「義重流傳」四個大字，右側爲「光緒癸巳年端陽節本行 公立」，左側爲「甲子年重陽節文武丑行 重立」；四字下方列人名四十三位。此匾是研究京劇史較重要的實物資料。

光緒癸巳年端陽節本行 公立

義重流傳

于惠 萬鐵柱 汪立本 仇瑞林 盧清元 楊四立 沈春元 蔣雙奎 周三元 劉志林 張四虎 于洪貞 董燕飛 常德林 金一笑 張永安 王玉祿 張春山 李振庭 小活猴 李文成 朱少浦

郃玉五 吳富恒 王廷珍 朱斌仙 楊玉彩 謝俊壽 常寶恒 王鳳起 夏國志 楊潤泉 李喜平 蔣世英 羅萬春 慈永祥 朱增壽 劉長林 陳春海 蘇慶山 劉慶寶 寇德山 ①王斌貞

甲子年重陽節文武丑行 重立

注：

①「王斌貞」應爲「王斌珍」。

【義重流傳】

年代：民國十三年（一九二四年）

規格：寬一百九十五厘米
高九十一點五厘米

此匾主體文字系從右向左刻楷書「義重流傳」四個大字，右側爲「光緒癸巳年端陽節本行 公立」，左側爲「甲子年重陽節文武丑行 重立」；四字下方列人名六十一位。此匾是研究京劇史較重要的實物資料。

光緒癸巳年端陽節本行 公立

義重流傳

王長林 高世傑 董志斌 沈寶銓 黃福祥 宋起林 謝榮祥 高峰瑞 張春山 王春貴 艾雲飛 郭春山 蕭長華 傅小山 慈瑞泉 沈傑林 殷佑臣 周建菴 孫小華 丁秉春 于茂如

李玉臣 王崑山 羅文奎 曹壽石 劉玉太 何昆章 趙春錦 陸喜才 王福山 全永奎 李玉廣 賈多才 李一車 林寶利 王多壽 福再田 羅文元 張富湘 王少山 馬富祿 茹富蕙

韓福元 高富遠 張富農 高富權 傅富銘 張連寶 高連峰 羅盛公 葉盛章 蕭盛萱 王盛如 孫盛武 邱盛月 馮盛淇 朱福壽 蘇斌太 孫治全 姚多山 董永泉

甲子年重陽節文武丑行 重立

【謹言慎行】

年代：民國十六年、（一九二七年）

規格：寬六十九厘米　高三十六點五厘米

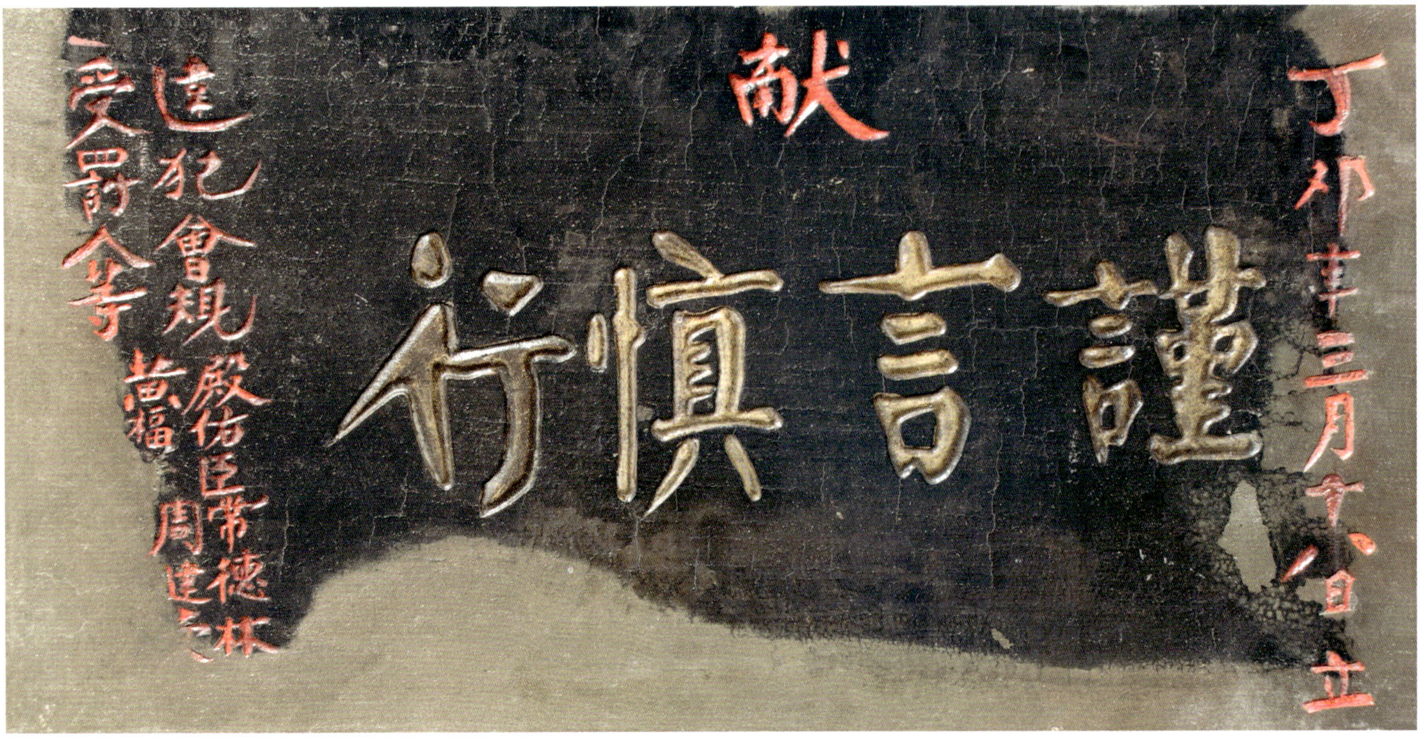

此匾主體文字系從右向左刻楷書「謹言慎行」四個大字，右側爲「丁卯年三月十八日立」；左側爲「違犯會規受罰人等　殿佑臣　黄福祥　于茂如　常德林　周建安　李慶山　□福□叩」；四字上方正中刻一「獻」字。

此匾在諸多牌匾中是最爲特殊的一塊，從匾左側落款可知此匾爲殿佑臣、周建安等人受罰時捐獻的。按梨園行的規矩，農曆三月十八日爲祭祖師爺的日子，而且不准演唱戲，違反者要受到懲罰。受罰人捐此匾以警示自己日後勿再犯錯。此匾是研究京劇史較重要的實物資料。

丁卯年三月十八日 立

獻

謹言慎行

違犯會規
受罰人等

殿佑臣 常德林
黃福祥 周建安
于茂如 李慶山
□福□

叩

【義重流傳】

年代：民國二十二年（一九三三年）

規格：寬一百一十九點五厘米　高六十五厘米

此匾主體文字系從右向左刻「義重流傳」四個大字，右側爲「光緒癸巳年端陽節本行公立」，左側爲「癸酉年夏曆七月初拾日　立」，匾下部列舉人名八十二位。

光緒癸巳年端陽節本行　公立

義重流傳

馬四立　李玉仙　王立元　李文成　何堃林　李國柱　賈文海　吳長海　趙月海　張士厚　閻四虎　劉四全　徐四元　韓四祥　周四廣　商四亮　蔡四福　孫玉清　張玉輝　高玉林　甄士強　唐富元　朱錫林　劉斌武　金幼宇　佟振寰　趙嘉祥　李盛佐

李盛芳　葉德霖　馮德升　楊少奎　金全才　張德祥　鈕全亮　王全福　梁全喜　李全義　李益善　劉紹曾　劉宗年　賈松齡　楊少泉　沙貴福　劉萬全　邢振山　姚顺棠　趙慶平　來順義　閻世喜　羅世寶　曹世才　段世增　朱世奎　艾世菊　詹世輔

高世泰　華世麗　錢振剛　王明義　全盛福　董盛村　周盛銘　賈盛吉　石小山　李福來　張金升　趙起榮　蘇萬春　李慶山　周福秀　劉斌升　金鶴年　張喜洪　張永元　張永祿　蘇煥庭　黃盛永　彭喜泰　王鳳起　蕭世佑　洪斌仲

癸酉年夏曆七月初拾日　立

【義重流傳】

年代：民國三十年（一九四一年）

規格：寬一百三十七厘米 高六十四厘米

此匾主體文字系從右向左刻「義重流傳」四個大字，右側為「民國庚辰年臘月十五日」，左側為「文武丑行衆弟子公立 燕北 隆丏俠書」，匾下部列舉人名七十四位。

民國庚辰年臘月十五日

義重流傳

郭福祥 張世年 李國瑞 朱玉安 高德仲 吴德貴 楊少山 郭金光 呂長福 吴煥章 金鴻星 朱錫慶 張樹林 周宗昌 薛永德 趙玉明 郭志祥 王德吟 張和元 于金鏵 李金瑞 馮玉僧① 于玉光 朱文奇 朱文彪

李世興 劉寶田 吴寶亭 王寶昆 魯寶宏 丁寶泰 王寶山 李寶善 趙寶和 孫寶祥 呂寶秀 陳全福 魯振芳 王長壽 宋長元 于长瑞 胡殿卿 董文明 張益吉 何金保 屈寶珍 雙益華 趙雙貴 劉德永 伊福元

祁廣福 張順桐 劉永福 王福永 趙文斌 盧俊清 劉英華 劉四紅 焦發旺 崔廷選 姚德林 駱鴻年 張金樑 般金振 龐德雲 李金和 趙志高 羅萬喜 冀松泉 孫益海 李文葵 張金桂 蘇振生 馬永超

文武丑行眾弟子公立

燕北 隆丏俠書

注：

①「馮玉僧」應爲「馮玉增」。

武行

武行也是京劇角色中很重要的一行，主要通過武打、翻撲來表現所扮演的角色，因此又叫「筋斗行」。他們主要扮演英雄、打手、兵勇、嘍囉一類的角色，俗稱「打武戲」或「打英雄」。智化寺共收藏有兩方武行同人敬獻的牌匾，匾文分別爲「虎略龍韜」和「永重不朽」。

武行

武行主要扮演英雄、打手、兵勇、嘍囉一類的角色，俗稱「打武戲」或「打英雄」。

【虎略龍韜】

年代：民國十四年

（一九二五年）

規格：寬一百二十五點五厘米

高六十四厘米

此匾主體文字系從右向左刻「虎略龍韜」四個大字，右側爲「乙丑年六月」，左側爲「武行全立　楊春年　邵連榮」、「聽秋道士」及印章刻款「倆山章氏」和「如浩」，匾下部列舉人名三十三位，匾底部自右向左書「錢增瑞　張瑞亭」、「陳三元　楊福龍　方立榮」、「錢玉堂　李福有」。

乙丑年六月

虎略龍韜

王永立　吳玉山
李金和　夏德福
增　福　田壽松
增　貴　王仲元
賈順成　趙玉亭
秀德山　李文瑞
宋起山　張永祥
夏春林　許壽臣
黃德順　張锦山
楊文斌　孫斌年
楊文興　孫德志
梅榮山　李桂林
錢增祥　楊福忠
方應琪　劉福長
陸德山　閻慶霖
陳永全　石福鈴
隆　喜

武行仝立　楊春年　邵連榮

聽秋道士

錢增瑞張瑞亭　陳三元楊福龍方立榮　錢玉堂李福有

【永重不朽】

年代：民國二十二年（一九三三年）

規格：寬九十厘米 高五十二厘米

此匾主體文字系從右向左刻「永重不朽」四個大字，右側爲「癸酉年十月 立」，左側爲「武行全人 立」，匾下部列舉人名十七位。

癸酉年十月 立

永重不朽

王德福
馬永祿
張榮山
徐永壽
李寶恕
姜連福
文連升
文連明
陸通海
陸通德
王明成
王德元
李永春
闞少武
張永祿
張永福
吳書寶

武行仝人 立

流行，俗稱龍套，由于演員穿着各色的龍套衣而得名，分為「跑龍套」和「文堂」兩種。龍套是以集體形式出現的，一般以四人為一組，稱為「一堂」，在舞臺上常用一堂或兩堂龍套來表示人員衆多，起到烘托聲勢的作用。根據各個劇目的需要，龍套有各種不同的排場以及隊形的變化。在舞臺上，龍套總是拿着各種旗子，跟着主帥跑上跑下，而且臺上各種集體上下場的隊形、各種舞臺部位的變換，甚至舞臺氣氛、環境變化，都要靠龍套「跑」出來，故而也叫「跑龍套」。龍套的表演除了「跑」，也有以靜立為主的，這類龍套叫作「文堂」，他們往往是站着不動，以襯托主角表演，如兵士、衙役、侍從、宮女、丫鬟、車夫、船夫、劊子手等群衆角色。這些龍套演員自成體系，專為一行，為戲班配戲，一天可能要跑幾個劇場，流動性比較大，因此就成為「流行」。智化寺共收藏有三塊流行同人敬獻的牌匾，匾文分別為「永垂不朽」、「國劇之光」和「堅固團體」。

流行

流行，俗稱龍套，由于演員穿着各色的龍套衣而得名，分爲「跑龍套」和「文堂」兩種。龍套是以集體形式出現的，一般以四人爲一組，稱爲「一堂」，在舞臺上常用一堂或兩堂龍套來表示人員衆多，起到烘托聲勢的作用。根據各個劇目的需要，龍套有各種不同的排場以及隊形的變化。

梨園舊匾

第七六頁

【永垂不朽】

年代：民國十四年

（一九二五年）

規格：寬一百八十四厘米

高八十六厘米

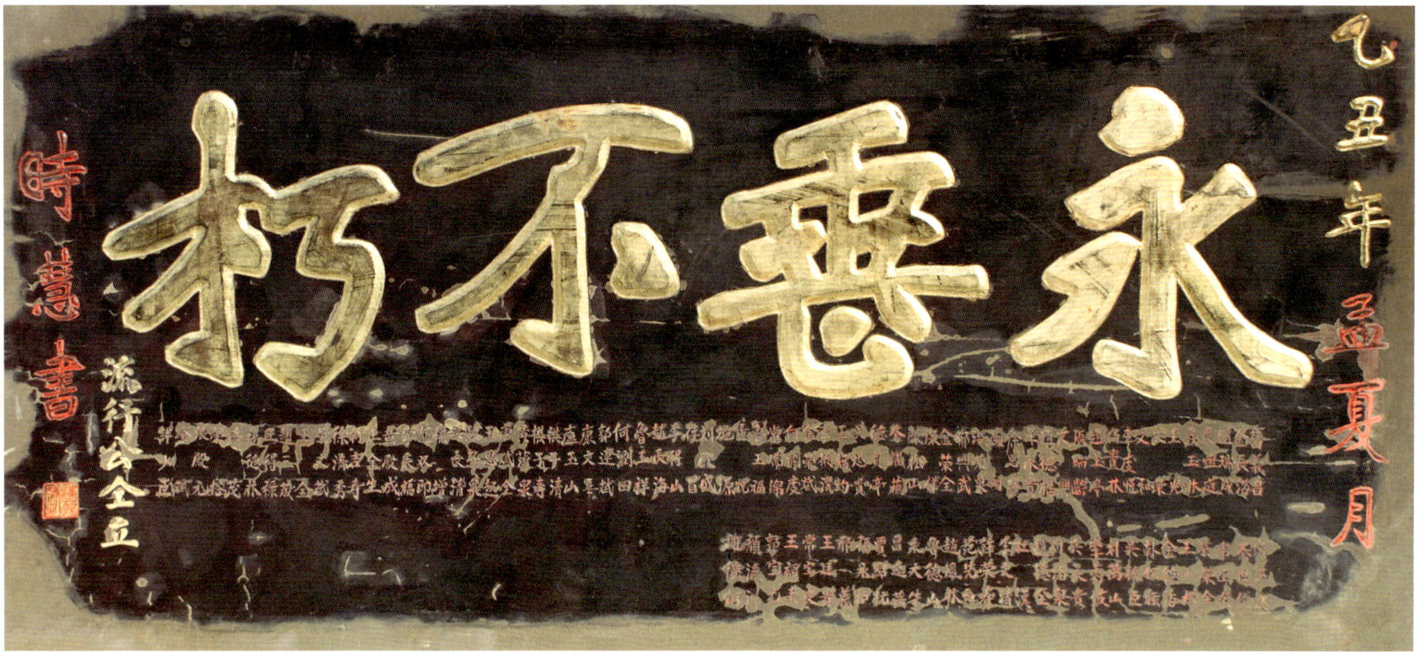

此匾主體文字系從右向左刻「永垂不朽」四個大字，右側為「乙丑年孟夏月□」，左側為「時慧書」及印章刻款「時慧書」，匾下部為「流行公全立」，列舉人名九十六位。

乙丑年孟夏月

永垂不朽

葛義昌 金長海 趙瑞成 袁煜庭 蘇玉林 玉光 文榮 文和 李庋悅 白貴林 趙玉亭 張炳齡 文興 趙德福 王永貴 徐思廣 廉明 海榮泉 郁興武 全荣全 保祥 陳松山 奎耀蕉 德貴亭

吴忠貴 王福均 李振渭 金榮斌 何潤庋 常瑞綿 魯玉福 董悅 施源 刘殿成 存冒 李得山 趙長海 魯玉祥 何潤田 郭連斌 康文華 盧玉山 祺子清 祺子寿 黄蒲泉 唐斌全 王思起 陳子泉

吴長清 祺增 趙双印 李來福 黄殿成 王金生 何吉寿 徐清秀 董文斌 玉全 趙三菼 王得祿 福德林 廣茂 榮裕 張殿元 奎斌 許少臣 傅玉泉 秦世俊 常宝荣 蔡荣全 王小祿 金德海

韓保祿 吴棣臣 刘萬山 李秀波 吴永貴 刘海泉 趙德全 杜漢 李文清 許荣寿 范先和 趙鳳林 魯德山 永大年 昌連英 貫紹杭 孫永和 邢義 王廷貴 常宝良 王福來 郭宝元 顏瀛洲 施德傛

流行公仝立
時慧書

【國劇之光】

年代：民國二十八年（一九三九年）

規格：寬八十八點五厘米、高四十七厘米

此匾主體文字系從右向左刻「國劇之光」四個大字，右側爲「民國廿八年七月 立」，左側爲「文堂行」、「白潔如書」，匾下部列舉人名十五位。

民國廿八年七月 立

國劇之光

崔國林
呂長板
張富裕
房德山
崔國祥
黃士全
王月厚
王樹林
韓寶善
李志興
王培源
趙志寬
蘇恩祿
梁華田
郁鐵林

文堂行
白潔如書

【堅固團體】

年代：民國二十年（一九三一年）

規格：寬一百二十七厘米　高六十六厘米

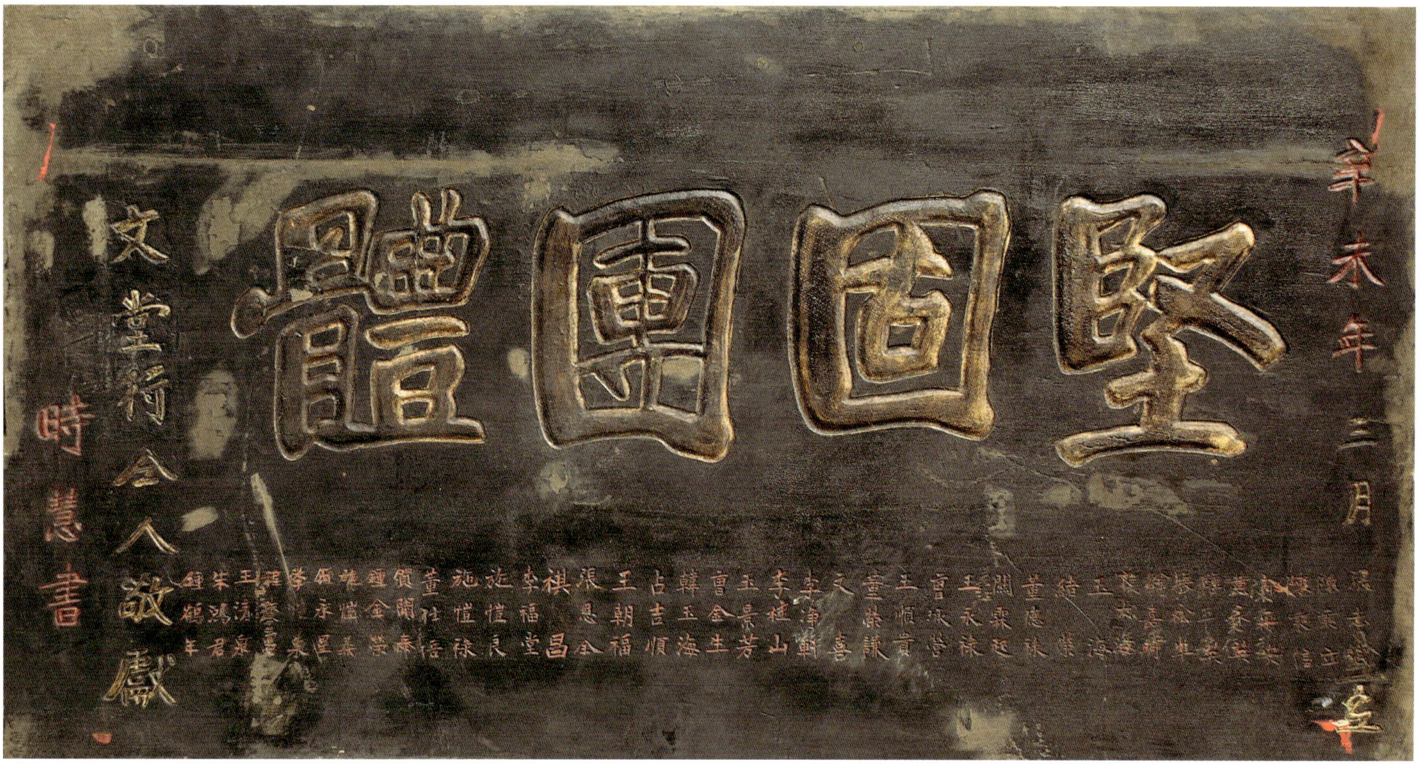

此匾主體文字系從右向左刻「堅固團體」四個大字，右側為「辛未年三月立」，左側為「文堂行全人敬獻」、「時慧書」，匾下部列舉人名四十位。

辛未年三月　立

堅固團體

張志斌　陳秉立　陳秉信　郎平安　黃永英　鍾英　張松年　徐嘉明　文大海　玉海　緒榮　董德祿　關霖起　王文祿　曹承營　王順貴　董榮謙　文喜　李净軒　李桂山

王景芳　曹金生　韓玉海　占吉順　王朝福　張恩全　祺昌　李福堂　施愷良　施愷祿　董仕培　賀開泰　鍾金榮　施憶義　王永星　李泉　程慶昌　王清泉　朱鴻君　鍾鶴年

文堂行仝人敬獻

時慧書

在京劇戲班的組織系統中，後臺服務人員及舞臺協作人員按工作內容可分為七科，即經勵科、劇裝科、容裝科、盔箱科、交通科、劇通科和音樂科。本部分牌匾共三十方，涵蓋七科，共收錄一千余人。其中除個別人外，從現有出版物中均無從考證。

分科	職能	年代	記録人數
經勵科	組班時負責邀角請人，俗稱管事或頭兒，在組織人事上具有相當權力。	一九二六年至一九四六年	一百五十三人
劇裝科	負責管理大衣箱、二衣箱、旗把箱，幫助演員穿卸服裝，拿找道具。	一九二七年至一九三四年	四十七人
容裝科	負責管理梳頭桌，為旦角梳頭、貼片子、化妝。	一九二五年	五十六人
盔箱科	負責管理盔頭箱，幫助演員戴、勒、卸盔帽。	一九二五年至一九三五年	一百二十七人
交通科	負責在演出前告知演員戲碼和角色，以及在演出中請人催場和戲班中其他通信聯絡工作。	一九二五年至一九四六年	四百三十三人
劇通科	負責在演出中搬挪桌椅、拿遞道具、噴洒火彩以及協助演員穿、卸服裝。	一九二七年至一九三三年	四十二人
音樂科	在演出中為演員伴奏，并演奏各種配曲	一九二五年至一九四一年	六百五十七人

七科

梨園舊匾

在京劇戲班的組織系統中，後臺服務人員及舞臺協作人員按工作內容可分爲七科，即經勵科、劇裝科、容裝科、盔箱科、交通科、劇通科和音樂科。本部分牌匾共三十方，涵蓋七科，共收錄一千余人。

經勵科

【擇善而從】

年代：民國十六年、（一九二七年）

規格：寬一百一十九厘米、高五十八點五厘米

此匾主體文字系從右向左刻「擇善而從」四個大字，右側為「丙寅年嘉平月穀旦」，左側為「經勵科受業人仝立」，匾下部列舉人名十五位。

陳信琴，著名演員奚嘯伯的管事，是當時經勵科的知名人物。

丙寅年嘉平月　穀旦

擇善而從

胡辛泉　郭際亭　高廷樑　李錫九　范少亭　李振聲　英　俊　沈紫厚　李鴻書　劉錫林　陳信琴　王旭曾　鄒潤田　李少泉　高慶雲

經勵科受業人仝立

經勵科

【光被斯科】

年代：民國十五年（一九二六年）

規格：寬一百五十六點五厘米 高七十五點五厘米

此匾主體文字系從右向左刻「光被斯科」四個大字，右側爲「丙寅年冬月立」，左側爲「經勵科全人公立」，「時慧書」及印章刻款「静者壽」，匾下部列舉人名四十八位。匾中所錄田瑞山、梁華亭、趙世興等皆爲當時經勵科知名人物，具有一定的影響力。

丙寅年冬月　立

光被斯科

經勵科仝人公立
時慧書

遲子俊　張華亭　王郁甫　蔣明齊　錢俊峯　遲邵峯　李藎臣　周治安　胡寶珠　李少亭　胡海坪　祥雅泉　段傑臣　田瑞山　劉德明　李溥泉　孟萬山　何文治　張毓增　張海坡　王斌如　艾清泉　葉雨田　楊萬全

趙世興　遲景泉　王松齡　錢金煥　錢金麟　高桂雲　聶愷臣　周硯臣　王鑫泉　關玉恒　李成林　儲秀峯　紀壽臣　劉佩州　宋德潤　周估之　李傑三　薛傑亭　孫錫章　劉玉亭　梁華亭　馬仲先　侯殿華　郭華亭

經勵科

【勵行圖治】

年代：民國二十四年（一九三五年）

規格：寬一百二十六厘米
高六十九點五厘米

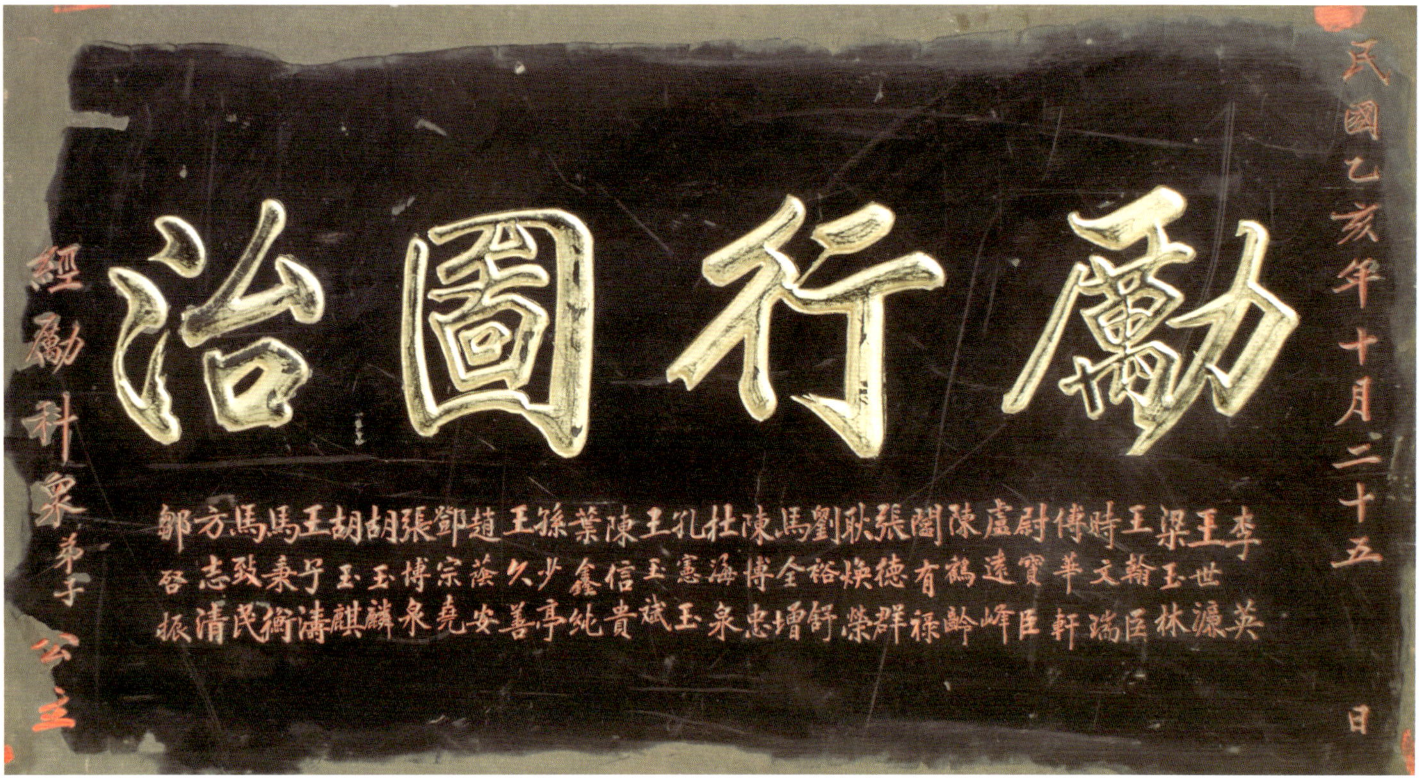

此匾主體文字系從右向左刻「勵行圖治」四個大字，右側爲「民國乙亥年十月二十五日」，左側爲「經勵科衆弟子 公立」，匾下部列舉人名三十二位。

民國乙亥年十月二十五日

勵行圖治

李英　孔憲玉
王世濂　王玉斌
梁玉林　陳信貴
王翰臣　葉鑫純
時文瑞　孫少亭
傅華軒　王久善
尉寶臣　趙蔭安
盧遠峰　鄧宗堯
陳鶴齡　張博泉
閻有祿　胡玉麟
張德群　胡玉麒
耿煥榮　王予濤
劉裕舒　馬秉衡
①馬全增　馬致民
陳博忠　方志清
杜海泉　鄒啟振

經勵科衆弟子　公立

注：
①「馬全增」應爲「馬金增」。

經勵科

【梨園永固】

年代：民國三十三年（一九四四年）

規格：寬一百三十二厘米 高五十八點五厘米

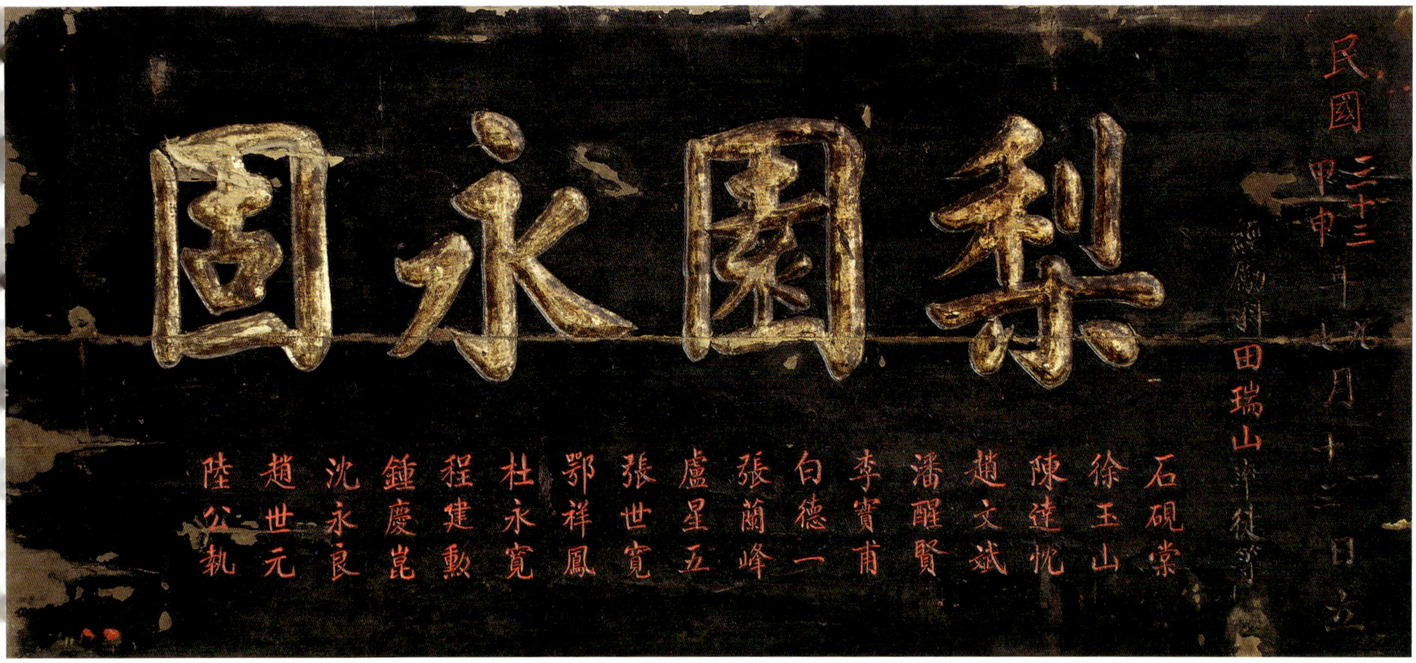

此匾主體文字系從右向左刻「梨園永固」四個大字，右側爲「民國三十三甲申年九七月十二一日立」、「經勵科田瑞山率徒等」，匾下部列舉人名十七位。

梨園永固

民國三十三年九月一日（甲申七月十三日）立

經勵科田瑞山率徒等

石硯棠
徐玉山
陳達忱
趙文斌
潘醒賢
李實甫
白德一
張蘭峰
盧星五
張世寬
鄂祥鳳
杜永寬
程建勲
鍾慶崑
沈永良
趙世元
陸公執

經勵科

【群策群力】

年代：民國三十五年（一九四六年）

規格：寬一百二十六點五厘米 高六十二點五厘米

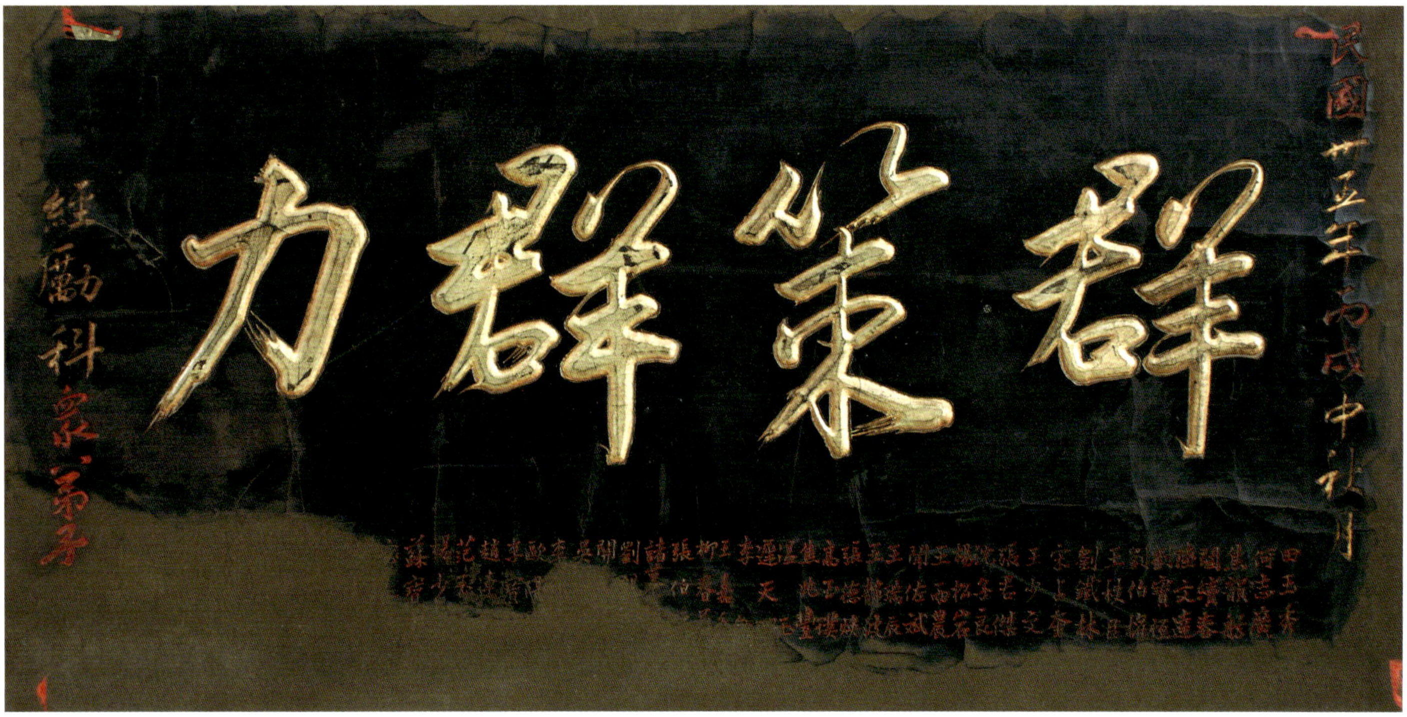

此匾主體文字系從右向左刻「群策群力」四個大字，右側為「民國卅五年丙戌中秋月」，左側為「經勵科衆弟子」，匾下部列舉人名四十一位。

民國卅五年丙戌中秋月

群策群力

經勵科眾弟子

田玉秀 何志廣 焦韻舫 閻續春 陸文達 劉寶柘 劉伯榷 王秩臣 劉鐵林 宋占奎 王少文 張君傑 沈子良 楊松岩 王雨農 聞佐斌 王瑞辰 王靜波 張德煥 高玉璞

焦兆豐 温 玉 遲天賦 李 鈞 王嘉禾 柳春□ 張伯□ 諸葛□ 劉錫□ 關□□ 吳□□ 李□□ 歐陽□ 李寶□ 趙連□ 范玉□ 楊少芸 蘇寶□ 宓仁□ 解□□ 傅□□

劇裝科

【萬古留芳】

年代：民國十六年（一九二七年）

規格：寬一百零七點五厘米 高五十二厘米

此匾主體文字系從右向左刻圓體變形文字「萬古留芳」四個大字，右側為「丁卯年桃月穀旦」；左側為「劇裝科發起人靳棠軒 存廉至 郝玉麟等仝立」；四字下方列人名二十一位。此匾是研究京劇史較重要的實物資料。

丁卯年桃月穀旦

萬古留芳

張守正 宋永善 彭書元 劉玉山 高玉春 李逢春 牛德林 金文光 馬蘭田 郭鳳林 于德水 関振文 孫玉棠 劉永義 斐德光 侯萬奎 劉達文 王長立 馬寶森 郭少亭 趙殿清

劇裝科
發起人
靳榮軒 存廉至 郝玉麟

等仝立

劇裝科

【續重留傳】

年代：民國二十一年（一九三二年）

規格：寬一百一十四厘米
高六十二厘米

此匾主體文字系從右向左刻「續重留傳」四個大字，右側爲「中華民國二十一年十一月日敬」，左側爲「劇裝科」，匾下部列舉人名十四位。左下方刻一「叩」字。

中華民國二十一年十一月日敬

續重留傳

肅德祿
張治豐
祁德財
馮玉林
張振華
張永麟
王永成
杜永堂
杜德明
全　華
劉作臣
存廉至
靳榮軒
郝玉麟

叩

劇裝科

劇裝科

【劇裝後起】

年代：民國二十三年（一九三四年）

規格：寬八十五厘米 高五十厘米

此匾主體文字系從右向左刻楷書「劇裝後起」四個大字，右側爲「中華民國二十三 一 二十二 夏曆 癸 酉 年 十二 月 初 八 日敬」其中的「年月日」三字刻于兩行字中間，共享；左側爲「劇裝科發起人靳榮軒 祝英育 存廉至 郝玉麟 叩」；四字上方正中刻一「獻」字，四字下方列人名八位。此匾是研究京劇史較重要的實物資料。

中華民國二十三年一月二十二日
夏曆癸酉年十二月初八日敬

獻

劇裝後起

張壽臣
王永鐸
張長海
張寶山
韓恩榮
蔣文林
隆寶田
袁德明

劇裝科
發起人
靳荣轩
存廉至
祝英育
郝玉麟
叩

容裝科

【梨園永固】

年代：民國十四年

（一九二五年）

規格：寬一百五十六厘米

高六十六點五厘米

此匾主體文字系從右向左刻「梨園永固」四個大字，右側爲「中華民國十四年六月穀旦」，左側爲「容裝科同人公立」，匾下部列舉人名五十六位。

中華民國十四年六月穀旦

梨園永固

潘慶堂　劉慶瑞　石國義　郭　臣　李德清　趙連鈺　李　榮　石國興　張文明　單福順　陳文才　葉德順　楊桂忠　韓文祥　劉德海　劉長海　周瑞麟　馬德芝　李慶雲　于貴榮　李永祿　凱玉山　苗德祿　王學魁　蘇煥庭　尚九齡　周瑞祥　劉長寶

寇永福　雷　俊　梁德泉　徐永春　陳青山　葉春榮　凱玉福　王學元　茹文斌　王永立　李振升　張永安　楊世福　趙永福　郝玉龍　王玉慶　任小山　陳德海　李硯亭　張筱山　劉德泉　王鳳祥　王宗元　常福海　陸東泉　陳清祿　朱锡鳴　劉玉林

容裝同人公　立

容裝科

【浩氣長存】

年代：民國十四年

（一九二五年）

規格：寬一百五十六點五厘米

高七十五點五厘米

此匾主體文字系從右向左刻「浩氣長存」四個大字，右側爲「梨園公益總會鑒」，左側爲「容裝同人公獻」，「中華民國十四年五月穀旦」。

梨园公益總会 鑒

浩氣長存

容裝同人公獻

中華民國十四年五月穀旦

盔箱科

【首善靈長】

年代：民國十四年（一九二五年）

規格：寬一百五十厘米 高七十七厘米

此匾主體文字系從右向左刻「首善靈長」四個大字，右側爲「歲次乙丑孟夏□浣 穀旦」，左側爲「盔箱衆 弟子 仝立」，匾下部列舉人名三十六位。

歲次乙丑年孟夏□浣　穀旦

首善靈長

閻德祿　唐　榮
劉　崑　孫國瑞
趙榮魁　喬松山
馬一清　張英林
春　壽　王文俊
魯世奎　閻世榮
杜　清　劉長山
董鳳來　梁世傑
劉玉山　陳吉福
祁俊亭　韓寶全
徐殿元　閻世奎
徐連元　武鳳山
閻世祥　張永德
伊德玉　慶　鈴
孫德隆　陳鶴鈴
邵永福　李文亮
祁達亭　沈榮奎
楊玉海　杜春林

盔箱衆　弟子　仝立

盔箱科

【義重廉明】

年代：民國十四年

（一九二五年）

規格：寬二百二十二點五厘米

高九十六厘米

此匾主體文字系從右向左刻「義重廉明」四個大字，四字之上正中有一「獻」字。右側爲「中華民國十四年榴月 穀旦」，左側爲「大衣箱衆弟子仝 立」「發起人」祁治邦等十四位，匾下部列舉人名六十四位。

中華民國十四年榴月 穀旦

獻

義重廉明

周之德 陳長順 張文毓 劉榮昌 靳祥泰 陳桂嵐 傅來順 祝英育 楊文福 徐寶蓮 郳文魁 王駿聲 梁寶善 李占奎 胡兆亭 佟紹武 趙永福 田景林 馬玉輝 孟繼順 崔玉山 周福全 發起人

王春坡 丁永順 晏連功 郭振全 祁成寶 存永寬 傅永貴 佘德海 傅永和 王朝祥 鮑桂桓 郳永文 闞永有 馬錫亭 李文明 陳寶善 蘇文祥 張德山 李德海 蘇文祥 張德山 李德海 祁治邦 張國瑞 存廉至 靳榮軒 韓文成 陳殿元 郝玉麟

劉秉剛 宋占元 劉潤田 宋寶善 佘國棟 王恩林 張榮治 郳鑫亭 馬文元① 楊文元 張喜澤 馬玉山 林士祥 童樹田 高文壽 任全泉 侯玉 安永銘 程學富 陳文富 李福通 朱德芳 徐玉泉 華蔭培 田瑞祥 張永順 陳高銘 闞惠源 韓鳳鳴 夏俊亭

大二衣箱眾弟子仝 立

注：

①「馬文元」应为「馬文原」。

盔箱科

【古来藝難】

年代：民國二十四年（一九三五年）

規格：寬一百一十四點五厘米
高五十六點五厘米

此匾主體文字系從右向左刻「古来藝難」四個大字，四字之上刻「容帽科 盔箱行」，右側爲「民國二十四年九月二十六日」，左側爲「李仲卿 書」，匾下部列「祁文泰」：率子祁□，并何振海等八人。

民國二十四年九月二十六日

容帽科　盞箱行

古来藝難

祁文泰

率子

祁□

率

沙①□□

陳振□

何振海

申振泉

劉振庭

康振如

周振明

金振光

李仲卿　書

注：

①「沙□□」應爲「沙振東」。

交通科

【同輝祖業】

年代：民國二十七年（一九三八年）

規格：寬九十四厘米 高五十一厘米

此匾主體文字系從右向左刻「同輝祖業」四個大字，右側爲「戊寅年九月初一日立」，左側爲「交通科 獻」，匾下部列舉人名三十二位。

戊寅年九月初一日 立

同輝祖業

唐繼賢
趙玉林
劉清泉
祁德□
常萬□
王壽□
張茂□
趙崇□
宋文泉
張守中
左文選
張恩成
杜金華
陳振遠
杜永明
朱家廷
雷 春
王海亭
陳德海
周德信
黃寶祥
李文榮
吳松泉
于 藻
金文奎
何學禮
張文泉
馬清泉
米 達
高士清
陳文清
張書元

交通科 獻

交通科

【咸欽義舉】

年代：民國十四年（一九二五年）

規格：寬一百九十六厘米　高八十三厘米

此匾主體文字系從右向左刻「咸欽義舉」四個大字，右側爲「乙丑年蒲月下澣穀旦」，左側爲「交通仝人立」，匾下部列舉人名五十四位。

乙丑年蒲月下澣

咸欽義舉

王永珍
侯玉山
李成群
謝德林
周慶惠
孫玉安
何成斌
姚寶善
伊秀亭
朱德林
朱德福
朱德春
朱德安
吳起祥
李振亭
存永志
楊 順
于德海
张齊文
何印喜
張 明
李長壽
朱可楨
于慶連
林文啟
謝寶山
謝長寶

謝寶勝
存誠志
于成祥
劉振川
左文達
林佩亭
林松山
張文榮
李進才
黎永全
唐德林
白世珊
李吉綿
衛長海
瑞 升
王志孝
張德成
韓德昌
張長福
張永長
張 秃
寶英綿
劉德山
孫幼安
萬 順
王振東
常歲福

穀旦

交通仝人 立

交通科

【永繼懿風】

年代：民國十五年
（一九二六年）

規格：寬一百五十八厘米
高七十六點五厘米

此匾主體文字系從右向左刻「永繼懿風」四個大字，右側為「民國丙寅年季冬月 穀旦」，左側為「梨園交通科仝人 立」，匾下部列舉人名三十五位。

民國丙寅年季冬月 穀旦

永繼懿風

朱永安　聞佐斌
張文翰　王子明
侯得峯　馬全福
于益亭　王振奎
李寶霖　胡鈺昌
李文元　范榮和
張士林　何印全
王增祥　侯得印
何福英　李廣太
李保祥　冀瑞安
于慶林　王福順
陳德禎　李拐庭
彭得玉　桂亮
張長慶　連潤
姚成章　貫琪
尉遲雨波　趙樹堂
李福海　王啟明
王德奎

梨园交通科仝人 立

交通科

【共沐恩波】

年代：民國二十二年（一九三三年）

規格：寬一百零二點五厘米
高五十一厘米

此匾主體文字系從右向左刻「共沐恩波」四個大字，右側為「癸酉年仲冬月穀旦」，左側為「交通全人等立」，匾下部列舉人名三十六位。

癸酉年仲冬月

共沐恩波

黃殿魁　邢月明
王玉山　焦克義
謝長海　張玉林
朱銳廷　朱德海
劉德義　賀志元
沈德賔　文魁
李恒垚　牛鳳鳴
董德海　王永和
崔國貞　傅占魁
崔紀昌　傅永和
繩得祥　李文耀
楊金麟　楊清
董長喜　何俊清
董崇善　林貴元
陳子明　季增厚
王世斌　海樂全
周子茹　程少祥
李德貴　高德

交通仝人等　立

穀旦

第一一八頁

文通科

【同輝祖業】

年代：民國十四年（一九二五年）

規格：寬一百九十三厘米
高九十三點五厘米

此匾主體文字系從右向左刻「同輝祖業」四個大字，右側爲「中華乙丑年 穀」，左側爲「文通全人立」，匾下部列舉人名五十二位。

中華乙丑年

同輝祖業

程高明 趙鳳奎 李慶海
李德山 張銘 雷潤清
范玖珊 亨紫磬 馬文魁
張玉崐 趙秀山 邱文志
關永順 陳彬 趙寶寧
趙瑞林 李文泉 張茂林
王福山 劉繼武 吴瑞
甘金泉 彭德山 陳寶林
董壽春 陳寶信 焦啟玉
董壽增 李喜平 王森亭
貫文斌 陳茂林 顧德祥
王廣才 董鉄山 張士祥
王萬榮 孫德明 劉永泰
李德玉 雷三元 宋長泰
成玉貴 崔德寬 錢寶珍
白雙和 馬萬春 劉萬春
張長安 陸文彬
趙春林 劉永安

穀

交通仝人立

交通科

【國劇光輝】

年代：民國二十九年（一九四〇年）

規格：寬七十八點五厘米 高四十八厘米

此匾主體文字系從右向左刻「國劇光輝」四個大字，右側為「民國廿九年九月一日交通科立」，左側為「白潔如書」及印章刻款，匾下部列舉人名四十位。

民國廿九年九月一日 交通科 立

國劇光輝

程裕庭 田春甫 李連升 崔桂林 錢錫林 李連緒 李清泉 李連達 常全祥 王秀林 劉玉海 王書林 閻世成 李文元 張全斌 楊景星 李少泉 李玉海 路永華 李玉明

陳德明 徐福海 朱傑臣 顧桂春 滿廣隆 韓福海 賈鶴翔 賈玉堂 黃福清 佟崇湖 唐國臣 李德祥 王文元 李德才 錢萬有 劉文祿 蔣壽山 胡文敏 李德山 張瑞

白潔如 書

文通科

【國劇光輝】

年代：民國三十年、

（一九四一年）

規格：寬八十四點五厘米

高四十九點五厘米

此匾主體文字系從右向左刻「國劇光輝」四個大字，右側爲「辛巳年九月日 立」，左側爲「文通科 立」，匾下部列舉人名二十六位。

辛巳年九月日立

國劇光輝

王振華 季永春 焦來福 孫來泉 穆成友 李金泉 王茂榮 馮寬 張文海 楊玉亭 周金銳 趙仲山 馬文奎 李墨林 周國翰 慈德權 陳德龍 李占元 勾文樹 陳俊山 關壽山 于文滙 孫錫榮 麻長安 張恩明 閔文茂

交通科立

文通科

【梨園永固】

年代：民國三十年（一九四一年）

規格：寬八十四點五厘米 高四十九點五厘米

此匾主體文字系從右向左刻「梨園永固」四個大字，右側為「民國三十年三月十八日文通科立」，左側為「古燕白潔如敬書」，匾下部列舉人名一百一十二位。

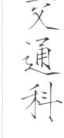

民國三十年三月十八日 交通科立

梨園永固

吳少亭 崔兆峰 哈寶泉 李成業 杜瑞玉 王玉山 白長海 王金茂 劉志廣 馬志民 勾憎慶 劉亭喜 李世衡 車有成 王永順 李文德 白殿啟 李德林 郭岐山 盧奎茂 高惠元 盛綬庭 蔡玉成 傅鐵祐 陳鳳鐸 孫芝友 甘茂霖 方德明

趙維賢 楊德明 婁善亭 楊德珍 楊德奎 關仲三 金德海 張槐 孫毓麟 吳子鈞 趙來福 萬榮山 孫寶成 茹文魁 林春 賀永利 傅永利 楊清坡 王國瑞 彭玉山 申振聲 趙春喜 杜錦章 毛以莊 高祥泰 李宗綿 劉文彩 賈子潔

成福寬 曹福祥 宋德祿 傅世霖 趙升 徐凱 劉德福 韓慶 尹德貴 王永海 蕭殿甲 汪文俊 劉德玉 周寶山 翟樹亮 吳天保 傅紹增 陳德元 閻炳文 鄭岐山 李壽田 陳瑞林 劉金仲 郭有亮 焦堯禮 焦堯信 傅永順 李春明

陳光瑞 王立業 汪少恩 陳瑞亭 趙元亭 李占元 孫德林 高洪成 周名誼 錢萬仲 周德全 劉子秋 趙鐘復 白殿有 戴元章 李春山 梁富貴 陳瑞華 李家福 戴玉生 宋樹清 李國章 胡棋昌 李長清 黃濤彬 程國賢 梁德寬 金松清

古燕白潔如敬書

交通科

【交通永存】

年代：民國三十五年、

（一九四六年）

規格：寬一百二十五點五厘米

高六十二厘米

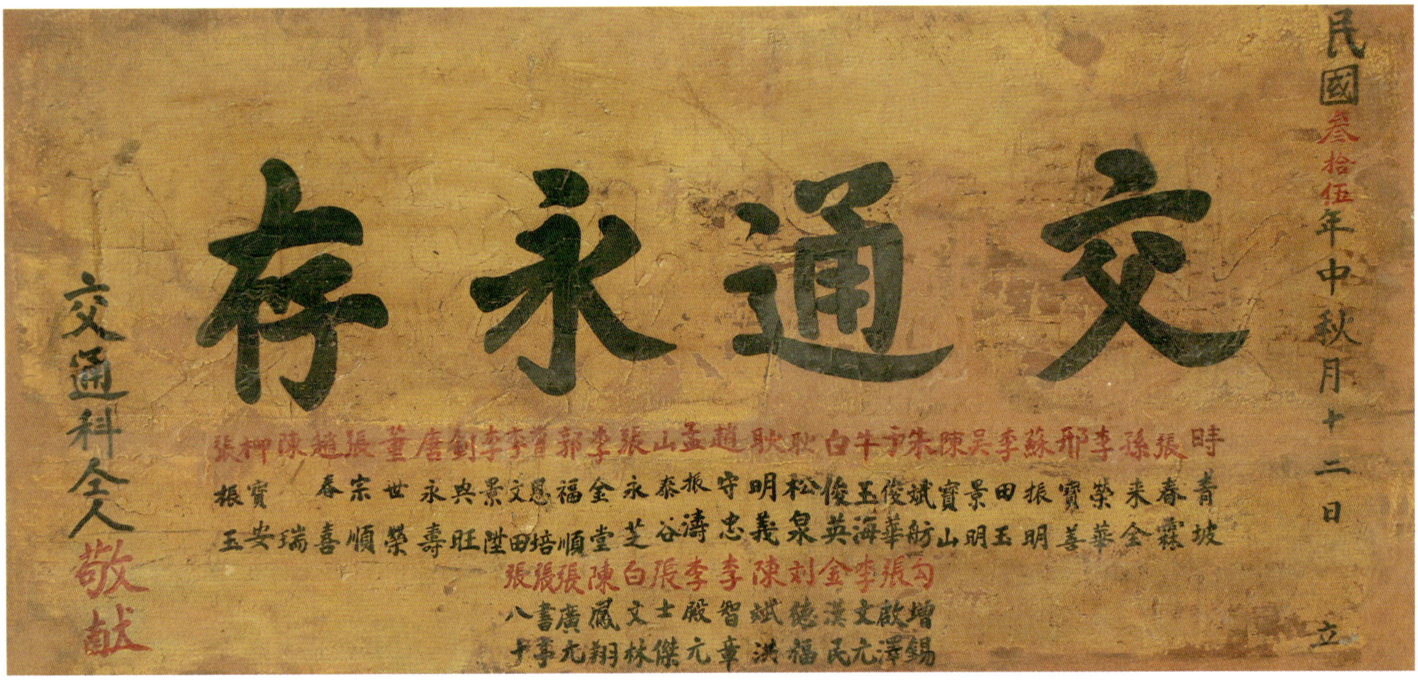

此匾主體文字系從右向左刻「交通永存」四個大字，右側爲「民國叁拾伍年中秋月十二日立」，左側爲「交通科仝人敬献」，匾下部列舉人名四十六位。

民國叁拾伍年中秋月十二日　立

交通永存

時青坡　李景陞
張春霖　劉興旺
孫來全　唐永壽
李榮華　董世榮
邢寶善　張宗順
蘇振明　趙春喜
李田玉　陳　瑞
吳景明　柳寶安
陳寶山　张振玉
朱斌舫　勾增錫
于俊華　張啟澤
牛玉海　李文元
白俊英　金漢民
耿松泉　劉德福
耿明義　陈斌洪
趙守忠　李智章
孟振濤　李殿元
山泰谷　張士傑
張永芝　白文林
李金堂　陳鳳祥
郭福順　張廣元
曹恩培　張書亭
李文田　李八十

交通科仝人敬献

劇通科

【惠我梨園】

年代：民國十六年

（一九二七年）

規格：寬二百一十四厘米

高九十厘米

此匾主體文字係從右向左刻「惠我梨園」四個大字，右側爲「丁卯年三月十八日」，左側爲「梨園劇通科同人 立」，匾下部列舉人名三十七位。

惠我梨園

丁卯年三月十八日

李進才 趙文桂
孫永壽 趙文祿
閻壽春 趙文海
李忠銘 馬俊山
陳萬全 王德山
何文奎 孫萬億
錢寶珍 陳永仁
林德祿 常福海
賈文會 胡明亮
庚庚元 楊開山
王寶升 劉振川
王玉林 宋時泉
李樹清 牛永田
張文林 劉長瑞
李子俊 凱玉貴
樊德昌 存永綿
白文元 王玉桐
劉國棟 鍾玉秀
楊開泰

梨園劇通科同人 立

劇通科

【惠我梨園】

年代：民國二十二年（一九三三年）

規格：寬九十六點五厘米 高五十一點五厘米

此匾主體文字系從右向左刻「惠我梨園」四個大字，右側爲「癸酉年冬月 望日立」，左側爲「劇通科全人公啟」，匾下部列舉人名五位。

癸酉年冬月望日立

惠我梨園

朱家祥
姚振山
金貴盛
聶長山
王德順

劇通科仝人公啟

梨園舊匾

音樂科

【音韻悠揚】

年代：民國二十一年

（一九三二年）

規格：寬二百零七厘米

高九十五點五厘米

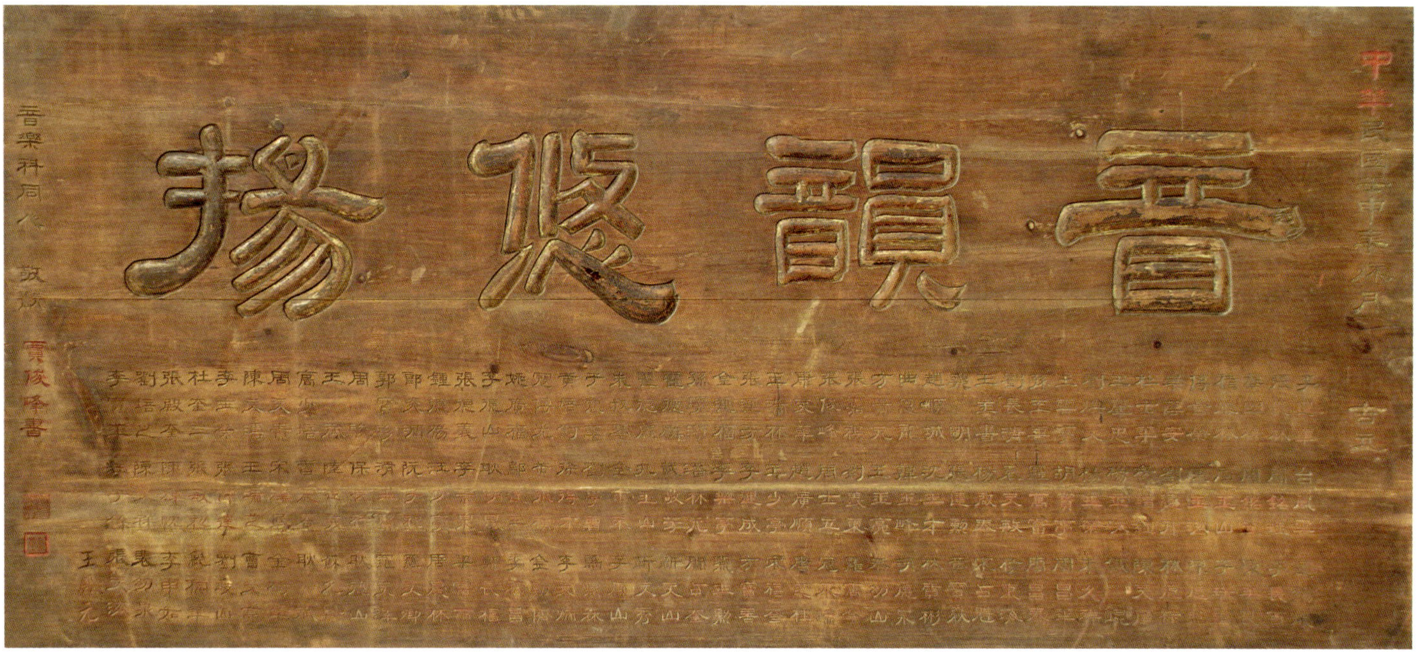

此匾主體文字系從右向左刻「音韻悠揚」四個大字，右側爲「中華民國壬申年秋月吉立」，左側爲「音樂科同人敬獻賈俊峰書」并印章刻款「賈俊峰印」，匾下部列舉人名一百三十九位。

中华民國壬申年秋月　吉立

音韻悠揚

李連章　張長林　龔國棟　諸塞林　傅金榮　崇蔭安　杜士華　王肇忠　劉煥文　王雲亭　孫玉書　劉長清　王玉書　魏　明　趙順城　曲恩龍　方貴元　張嘉祺　張俊峰　康文華　王瑞林　張連芳　金連福　孫學濱　霍德麟　霍德慶　朱叔琴　于震華

黃培鈞　冠博光　姚廣福　李德山　張德義　鍾德楊　郎炎潤　郭寶珍　周　駿　王　斌　高少培　周文貴　陳文濤　李世榮　杜奎三　張殿奎　劉培之　①李寶華　台鳳雲　關明珏　關銘立　屈玉山　陳玉海　劉連升　楊增鈺　楊世海　楊世榮　胡寶亭

羅萬富　袁文敏　楊啟泰　張連勳　沈玉才　韓玉峰　王玉亮　劉義東　周士五　趙廣順　王少亭　李連成　李樂亭　潘林元　戴敬芳　扎玉山　全雨禾　劉學曾　徐得才　黃永禎　郞連三　耿明昆　李景泉　汪少亭　阮子和　滑世賢　保長祿　陸遠義

②雷辰春　宋澤民　王瑞芝　張許達　張敏和　陳輝忱　陳文祥　汪子餘　遲錫慶　楊長酉　陳英良　李瑞斌　陳慶照　林德祿　陳文廉　鐵　崐　朱久祥　周昌華　周昌泰　楊東海　宋占魁　黃寶焱　林質林　胡德泉　泰幼山　羅萬金　寇永瑞　康芝桂

宋福奎　方寶善　燕世勳　關占奎　靳文山　靳文秀　李鳳山　馬燕森　李文炳　金翰儕　季福昌　鄭長福　梁富雨　周慶林　羅文卿　羅文澤　耿德山　蘇允賢　耿　斌　金樹棠　曹文亮　劉岐山　鮑桐華　李申如　裴幼泉　張文海　王殿元

音樂科同人　敬献

賈俊峰書

注：
①「李寶華」應爲「李葆华」。
②「雷辰春」應爲「雷振春」。

音樂科

【元音盛世】

年代：民國二十三年

（一九三四年）

規格：寬九十九厘米

高五十一厘米

此匾主體文字系從右向左刻「元音盛世」四個大字，右側爲「癸酉年十二月敬獻」，左側爲「音樂科同人敬獻」，匾下部列舉人名四十四位。

元音盛世

癸酉年十二月敬獻

李斌植 趙都生 徐俊亭 葛綬芝 張伯英 李鐵麟 李幼茂 譚金儒 孟廣和 吳瑞亭 朱德山 趙有智 張德元 閔錫崐 閔英啟 關鍾端 常壽 陳寶林 顏古風 劉永海 張俊臣 商繼世

王福鑫 陸永元 潘德祥 劉國棟 馮志祥 趙父元 祁伯維 杜鑫泉 任志林 駱麗平 王振霖 寧咏錕 方震麟 王玉霖 馬玉海 李輯芝 富仲瑾 李思翰 吳毓麟 吳伯勤 李長明 蘇國祥

音樂科同人敬献

音樂科

【德以樂成】

年代：民國二十三年（一九三四年）

規格：寬九十九厘米　高四十九點五厘米

此匾主體文字系從右向左刻「德以樂成」四個大字，右側為「癸酉年十二月敬獻」，左側為「音樂科同人敬獻」，匾下部列舉人名四十五位。

癸酉年十二月敬獻

德以樂成

音樂科同人敬献

馬玉方　魏興俊　管堯恩　呂子英　張楷　于兆科　杭世維　汪永善　李晉隆　田蔭培　秦世幃　魏德惠　趙廣智　鄭大榮　蘇盛琴　李連成　陳培林　陸永成　何福全　賈長福　費文治　吳敬榮　劉鳳翔

唐榮甲　黃慶甫　李家祥　世榮　世華　李醒儂　鄭金亭　宋寶書　韓蔚權　韓寶權　郝壽亭　張思龍　何永升　朱葆元　李慶文　徐天木　穆永志　張福君　李振聲　趙沛霖　傅雨亭　孫元亮

第一三八頁

音樂科

【國樂之光】

年代：民國三十年（一九四一年）

規格：寬一百四十二點五厘米，高七十點五厘米

此匾主體文字系從右向左刻「國樂之光」四個大字，右側為「民國三十年一月 吉日」，左側為「音樂科敬獻 李善卿 書」及印章刻款「李善卿書」，匾下部列舉人名一百五十七位。

民國三十年一月吉日

國樂之光

李聚寶 劉寶雲 顧顯庭 姚玉安 王毓琪 劉鳳藻 傅景林 李德耀 張海亭 彭承林 祁文林 張雅卿 王少雲 馬玉麟 齊德全 周秉三 孔慶生 楊梓釗 馬琢良 方立增 黃書田 聞少川 趙燕生 陳德明 陳德亮 鮑叔明 韓聚明

張景泉 黃景宗 扎玉海 郭啟先 郭啟文 李寶全 马德祿 趙毓愷 趙鴻壽 李金鏞 高貴春 何順信 劉玉山 貫伯愷 鞏瑞霖 王德泉 閻寶鋆 王福生 寇德海 楊學敏 楊寶桂 夏魁連 鍾世英 鍾世章 李紀生 郎承林

艾樹林 許長生 金長勝 史濟生 包連洸 紀春霖 沈寶琦 楊偉典 張長道 潘志剛 王德元 許德桂 蕭少田 劉桂林 關際堃 葉和驊 賡金羣 王永泉 李海泉 遲天標 楊深泉 德永志 李金海 榮世銘 高明亮 鍾鳴和

劉寶祥 謝寶林 胡寶全 王文甫 王福生 白鴻業 劉啟華 文祥林 羅子修 姜　渤 徐震昌 楊順亭 梁訓益 ①馬玉和 張德山 趙惠民 吳繼先 陈西園 王蘭亭 劉宗生 樊棣生 李士英 謝礪庭 黎寶彝 茅秉衡 錢繼生

張椿發 王和義 管鳳林 董進才 張玉峰 劉發珍 李鐵三 張成業 張玉山 徐世華 李寶田 韓恩華 李元春 王星垣 歐陽劍 祝培基 王　鑌 李　文 樊德祿 黃天麟 李鳳山 錢少仙 段英世 李爲善 陈福田 葉和騋

赫益厂 赫濟崑 金世偉 張　崑 吳志永 霍鶴鵬 關金貴 劉叔平 劉玉山 關金森 金玉映 許德清 程翰葉 鄂潤章 貫　利 李壽椿 高克明 張和錚 趙維翰 金玉書 張連生 黃培榮 袁文林 賈賢英 胡殿瑗 黨德素

音樂科敬献 李善卿書

注：
①「馬玉和」應爲「馬玉河」。

梨園舊匾

第一四〇頁

音樂科

【協力精求】

年代：民國十四年（一九二五年）

規格：寬一百八十八厘米 高八十六厘米

此匾主體文字系從右向左刻「協力精求」四個大字，右側爲「歲次乙丑七月穀旦」，左側爲「文武場面同人公立」，匾下部列舉人名一百位。

文場是京劇伴奏中的管弦樂隊，一般重唱工的文戲以管弦樂伴奏爲主。武場是京劇伴奏中的打擊樂隊，一般重武打的武戲以打擊樂伴奏爲主。此匾收録的人名中，有著名鼓師白登雲，他打文戲穩而不温，舒展細膩，打武戲强而不火，瀟脱明快。

歲次乙丑七月 穀旦

協力精求

汪子良 李振銘 孟芝儁 程景元 王玉順 石鐸立 宋義 劉潤卿 許鑑德 譚永福 趙炳楠 耿煥章 鮑銳 沈玉斌 盧俊 孫維忠 霍德祥 鄭德勝 牛玉善 趙樹林 佟振聲 吳玉海 沈伯濤 曹長海 張永祥

傅朝雲 李經芝 趙寶庭 劉文貴 郭協珍 宋占元 張順奎 郭萬林 劉澤 羅永壽 侯恩成 羅宗文 白宗灝 趙世翔 龔玉麟 陳世魁 趙文元 蕭永春 張茂榮 江明德 鮑錕 孟廣泰 唐文清 靳文卿 劉錫森

劉錫恩 陳文興 陳秀林 馮福壽 何振庭 崔幼春 馬連貴 劉振邦 王通 裴德鑫 李慶奎 郭文生 李培增 陳文科 馬正泉 趙世元 李翰卿 全子純 艾俊卿 曾三餘 陳鴻宣 李雙印 羅鏡清 李福田 劉恩澤

吳永志 張德芳 鄭德海 單貴良 高連弟 王幼卿 毓承順 白登雲 于深 劉福興 周子厚 陳文榮 葉蔭章 崇松起 張世益 孫葵芳 慈永順 陳文田 吳玉文 貫松椿 胡寶立 唐富魁 劉德立 杜兆培 德少如

文武場面同人公立

音樂科

【志同道合】

年代：民國十六年（一九二七年）

規格：寬一百八十八厘米
高八十四厘米

此匾主體文字系從右向左刻「志同道合」四個大字，右側爲「丙寅年十二月穀旦」，左側爲「文武場面同人重立」，匾下部列舉人名一百七十二位。

丙寅年十二月穀旦

志同道合

傅桂榮 楊增銳 楊增銘 蘇麟熹 佟劍秋 王萬春 耿富武 佟文華 趙銳 朱德芳 趙德祥 王世忠 茹文福 張鴻麟 王文貴 王錦堂 陳洪亮 梁玉林 田玉明 楊福旺 高文詰 張德瑞 赫兆全 商學富 張子恒 洪玉福 許似蘭 傅子建 彝良

文捷臣 王仲銓 李漢三 毓栢泉 姚占鰲 周文章 周文魁 王福來 章書元 劉泉海 孫玉山 乞俊生 金輔卿 牛德海 胡世祥 陳文敏 韓斌貴 吳雲瑞 王子祥 侯雙奎 謝松亭 仇克林 崔廷學 張玉林 孫壽齊 譚福元 闞銘存 劉貴春 張勝濟

王文科 梁小堂 趙殿元 章榮倫 王玉振 朱文啟 杜玉春 李玉山 寇祥雲 郭蔭奎 王天福 劉誠恩 吳文元 文春山 趙雨霖 鄭秉熾 程景祥 吳寶亭 周猷臣 白松材 王文華 郭子幺 牛德全 王甫臣 左貴 王永海 王瑞豐 鐵忠 周宜安

田鴻達 鳳岐山 汪文斌 趙松壽 裴世長 李玉龍 王振清 王國山 劉雲甫 李萬春 孫文耀 梁子衡 蔡景春 王九山 陳士榮 趙瑞慶 李花芳 李德隆 郭景軒 王瑞恒 于文清 任殿臣 馬輔臣 金質卿 張子泉 郜趾祥 李華峰 趙潤臣 程江

奚子勳 倭怡亭 張長佑 鮑壽安 譚永奎 裘振奎 鍾鑒秋 徐子臣 孟繼德 劉啟芝 俞起榮 李志誠 陳福全 張慶雲 朱福喜 孟繼魁 樊德奎 楊文彬 趙像五 俞沁泰 徐世騏 徐世驥 德克明 趙少舫 周子彬 李三秀 杜雲圃 馬少亭 李桂

王瑞正 周慶林 周秉銀 周順來 魏永吉 魏永瑞 姜恩貴 趙雲龍 陳少亭 程榮生 孫福生 李松年 苑月樓 馬竹青 戴國恒 崔國祥 陳廣順 孟慶有 陳海 張春祿 李子山 郭文玉 劉靜軒 李樹棠 雲雨三 周德長 周德增

文武場面同人重立

本部分收録牌匾八方，因有別于七行七科，故另録之。其中有一九三一年張學良將軍贈北京梨園公益總會之匾、時慧寶所書「梨園新館」之匾、「群益社」科班立匾、山東旅京同鄉會贈北京國劇職業分會之匾等，共收録二百余人。這些牌匾從幾個側面反映了這一時期北京梨園行的歷史狀況。張學良將軍作爲中國現代史的風雲人物，對京劇情有獨鍾，也獻匾「榛苓遠韻」，以示爲梨園界捧場喝彩。時慧寶所寫的「梨園新館」牌匾，據考證爲一九二四年所立，懸挂于櫻桃斜街的梨園新館，爲此館最后一塊挂匾，具有很高的歷史價值。山東旅京同鄉會贈匾反映了省際之間的戲劇界文化藝術的交流。故此，這部分牌匾也是值得研究與欣賞的。

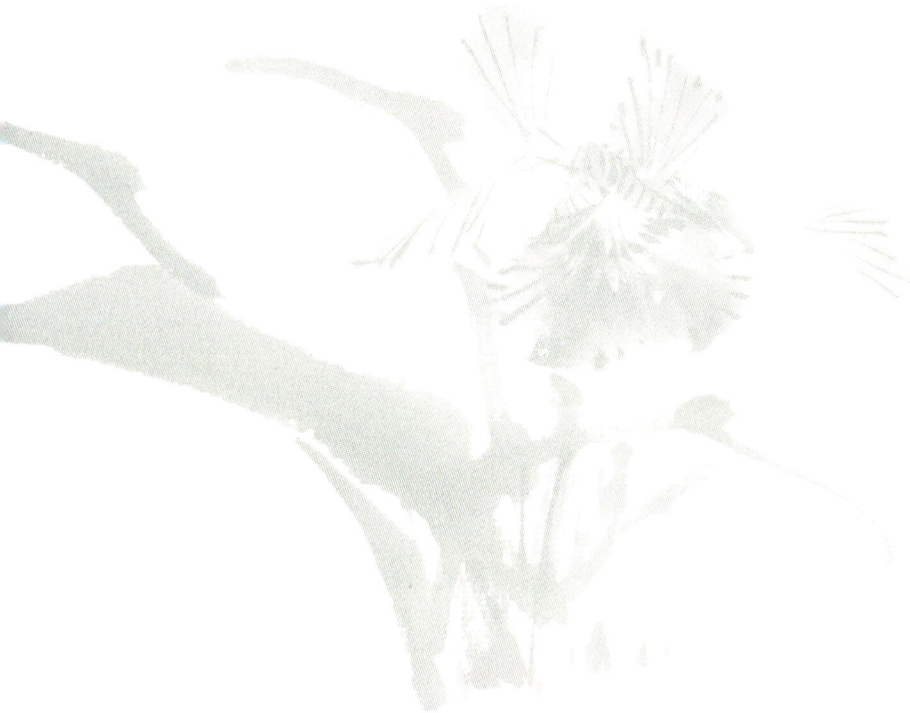

其他

本部分收錄牌匾八方。有別于四行七科，故另錄之。其中有一九三一年張學良將軍贈北京梨園公益總會之匾、時慧寶所書「梨園新館」之匾、「群益社」科班立匾、山東旅京同鄉會贈北京國劇職業分會之匾等。

【榛苓遠韻】

年代：民國二十年（一九三一年）

規格：寬二百二十一厘米
高八十二厘米

此匾主體文字系從右向左刻「榛苓遠韻」四個大字，右側爲「北京梨園公益總會」，左側爲獻匾人名「陳國權 陳興亞 張學良 鮑貴卿 陳國棟」。此爲張學良將軍贈獻給北京梨園公益總會的牌匾。鮑貴卿爲奉系軍閥。「榛苓遠韻」其意取自《詩經》，匾的四周鏤空雕牡丹纏枝花卉，具有獨特的藝術風格。此匾是研究京劇史較重要的實物資料。

梨園公會：設在梨園會館（精忠廟）内爲全梨園行謀福利的群衆性組織，領頭人由群衆選舉産生，向管理精忠廟事務堂郎中呈請批准。

北京梨園公益總會

榛苓遠韻

陳國權
陳興亞
張學良
鮑貴卿
陳國棟

【梨園新館】

年代：民國十三年
（一九二四年）

規格：寬二百五十三厘米
高九十五厘米

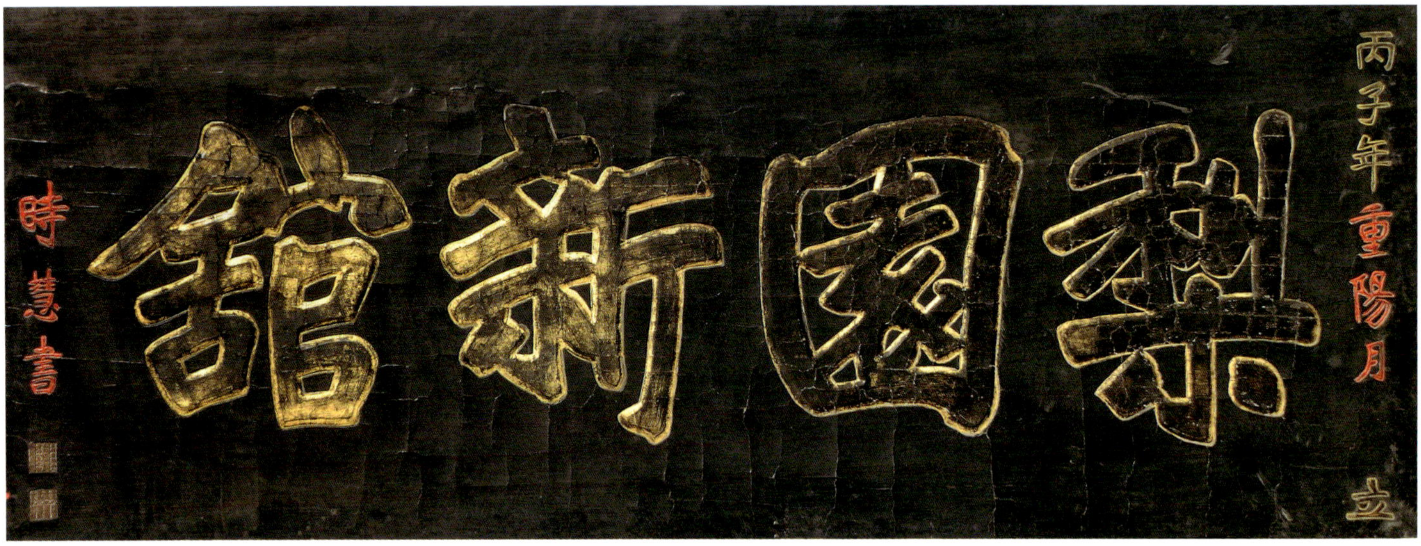

此匾由素有「劇屆書法家」之稱的時慧寶所書，原懸挂于正陽門南櫻桃斜街的梨園新館舊址。此匾是研究京劇史較重要的實物資料。

此匾體量巨大。主體文字系從右向左刻楷書「梨園新館」四個大字，右側爲「丙子年重陽月 立」，但是據《清代燕都梨園史料》的記載：「民國十三年春，伶界好事者，復發起演劇籌資，設立公館……館額爲時慧寶書……」，推出此匾應立于民國十三年（一九二四年），與梨園新館成立時間相符。因此，牌匾右側應爲「甲子年重陽月 立」。因修復前牌匾年代殘缺不全，致使修復時誤將「甲子年」寫爲「丙子年」。牌匾左側爲「時慧書」及兩枚印章刻款，第一枚印章刻款分別用楷書、篆書、隸書、行書四種字體書寫「名利者能成人，名利者能害人。貧乃一生之恨，富乃終身之憂」。另一枚印章刻款用篆字書寫「無義之人別交，無義之話莫聽，無義之事勿作，無義之財不取」。

丙子年重陽月　立

梨園新館

時慧書

第一五〇頁

【群澤明訓】

年代：民國十四年（一九二五年）

規格：寬一百九十四厘米 高六十七厘米

此匾主體文字系從右向左刻「群澤明訓」四個大字，右側為「中華民國十四年十月穀旦」，左側為「群益社科班同立」，匾下部列舉人名四十九位。

中华民國十四年十月 穀旦

群澤明訓

陸益林　宋益俊　孫喜　李益勝　張隆　裴益才　張蘭　王益興　杜榮　張益源　趙芬　李益清　黃安　陳益祥　霍仲　陳益楨　梁順　王益春　王正　李益善　梁鳴　鴻益奎　周廣　安益貴　周茂

周益山　黃同[1]　宋益增　馮華　傅益永　張福　顧益聲　梁峯　王益慶　溥祿　梁益德　關寶　蔣益忠　松斌　李益軍　楊平　張益芳　張吉　孫益海　錢賢　劉益富　王壽　劉益如　郭益成

群益社科班同 立

注：
①「黃同」應爲「黃桐」。

【群强幼益】

年代：民國十四年（一九二五年）

規格：寬一百五十八點五厘米 高八十六厘米

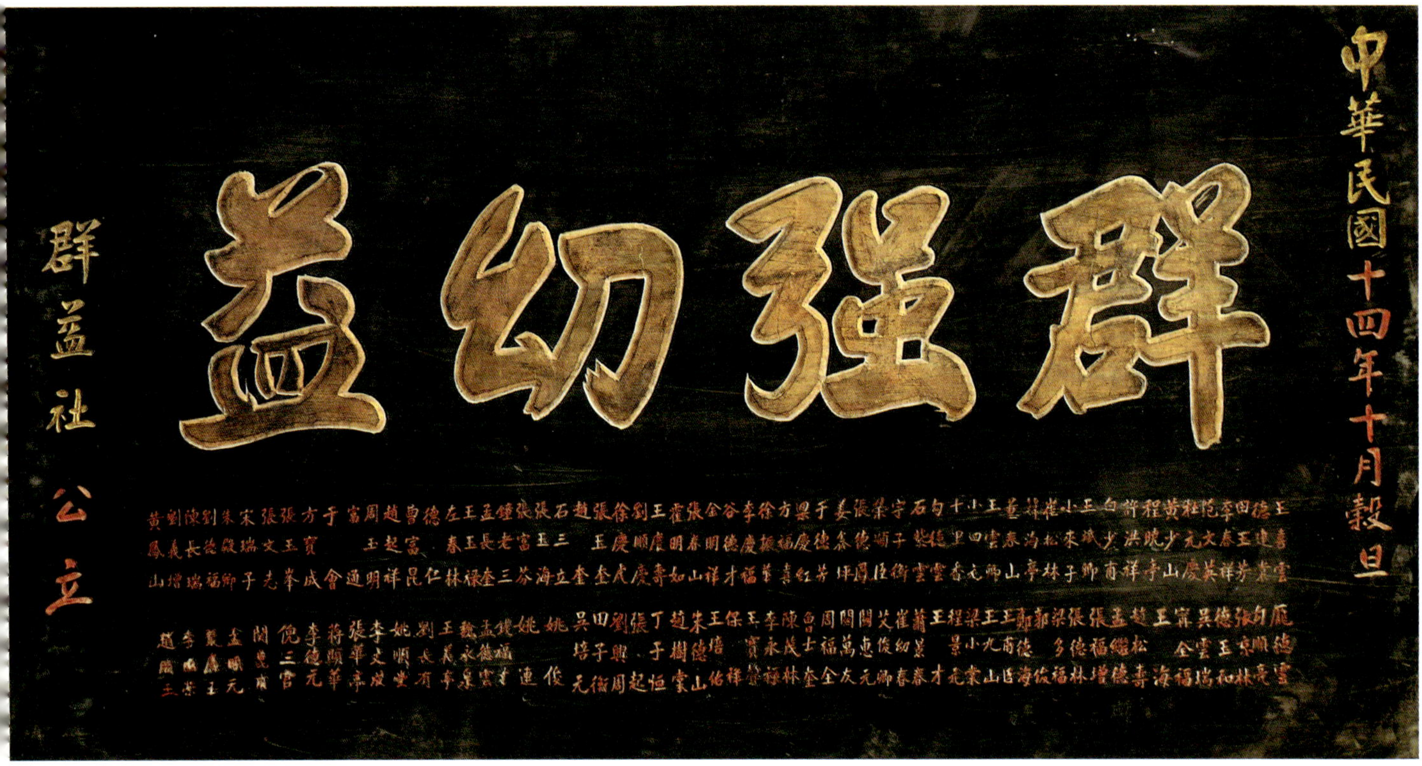

此匾主體文字系從右向左刻「群强幼益」四個大字，右側為「中華民國十四年十月穀旦」，左側為「群益社 公立」，匾下部列舉人名一百一十六位。

群强幼益

中華民國十四年十月 穀旦

王喜雲　德建棠　田玉芳　李春祥　范文英　杜元慶　黃少山　程曉亭　許洪祥　白少甫　王斌卿　小來子　崔松林　韓海亭　董春山　王雲卿　小四元　十里香　勾德雲　石紫雲　宁子衡　榮顯臣　張德鳳　姜鑫坪　于德芳　梁慶紅　方福喜　徐振華　李慶福

谷德才　金明祥　張春山　霍明如　王慶壽　劉順慶　徐慶虎　張玉奎　趙奎　石三立　張玉海　張富芬　鍾老三　孟長奎　王玉祿　左春林　德仁　曹富昆　趙起祥　周玉明　富通　于會　方寶成　張玉峯　張文志　宋瑞子　朱殿卿　劉德福　陳長瑞

劉義增　黃鳳山　龐德雲　勾順亮　張京林　德玉和　吳雲瑞　甯全福　王海　趙松壽　孟繼德　張福增　張德林　梁多福　郭俊　鄭德海　王南臣　王九山　梁小棠　程景元　王才　蕭景春　崔幼春　艾俊卿　關惠元　關萬友　周福全　魯士奎　陳茂林

李永祿　王寶聲　保祥　王培佑　朱德山　趙樹棠　丁子恒　張起　劉興周　田子衡　吳培元　姚俊　姚連　錢福才　孟德雲　魏永泉　王義亭　劉長有　姚順堂　李文成　張華亭　蔣顯華　李德元　倪三官　閔崑甫　孟明元　張盧玉　李□榮　趙□玉

群益社　公立

【愛業尊規】

年代：民國二十五年（一九三六年）

規格：寬八十點五厘米 高四十一厘米

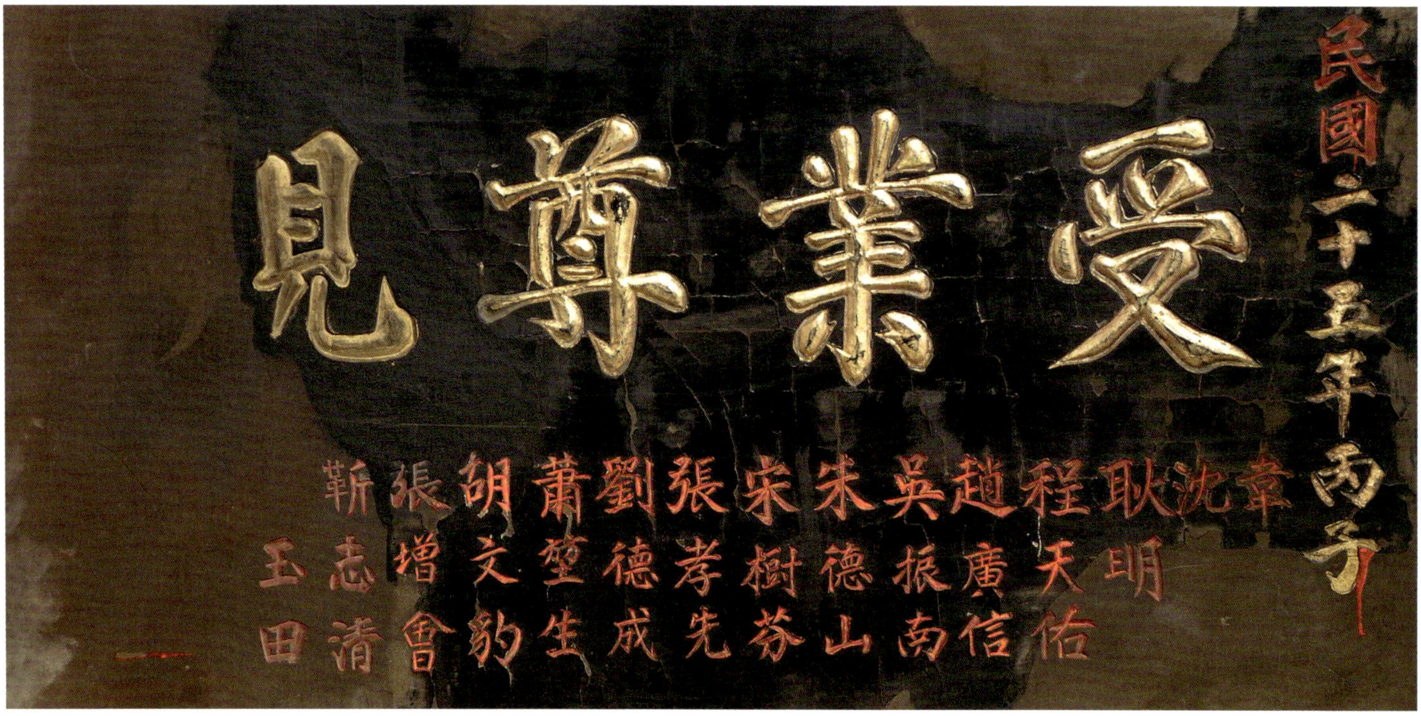

此匾主體文字系從右向左刻「愛業尊規」四個大字，右側爲「民國二十五年丙子」，匾下部列舉人名十五位。

民國二十五年丙子

受業尊規

韋□□
沈□□
耿明□
程天佑
趙廣信
吳振南
朱德山
宋樹芬
張孝先
劉德成
蕭堃生
胡文豹
張增會
靳志清
□玉田

【龢聲普惠】

年代：民國二十八年（一九三九年）

規格：寬一百八十八點五厘米，高八十八點五厘米

此匾主體文字係從右向左刻「龢聲普惠」四個大字，右側爲「北京國劇職業分會 惠存」，左側爲「山東旅京同鄉會公贈」、「中華民國二十八年十月 穀旦」。

北京國劇職業分會 惠存

龢聲普惠

山東旅京同鄉會公贈

中華民國二十八年十月 穀旦

梨東舊匾

第一五八頁

【惠我同仁】

年代：民國二十九年（一九四〇年）

規格：寬一百二十五厘米 高六十四厘米

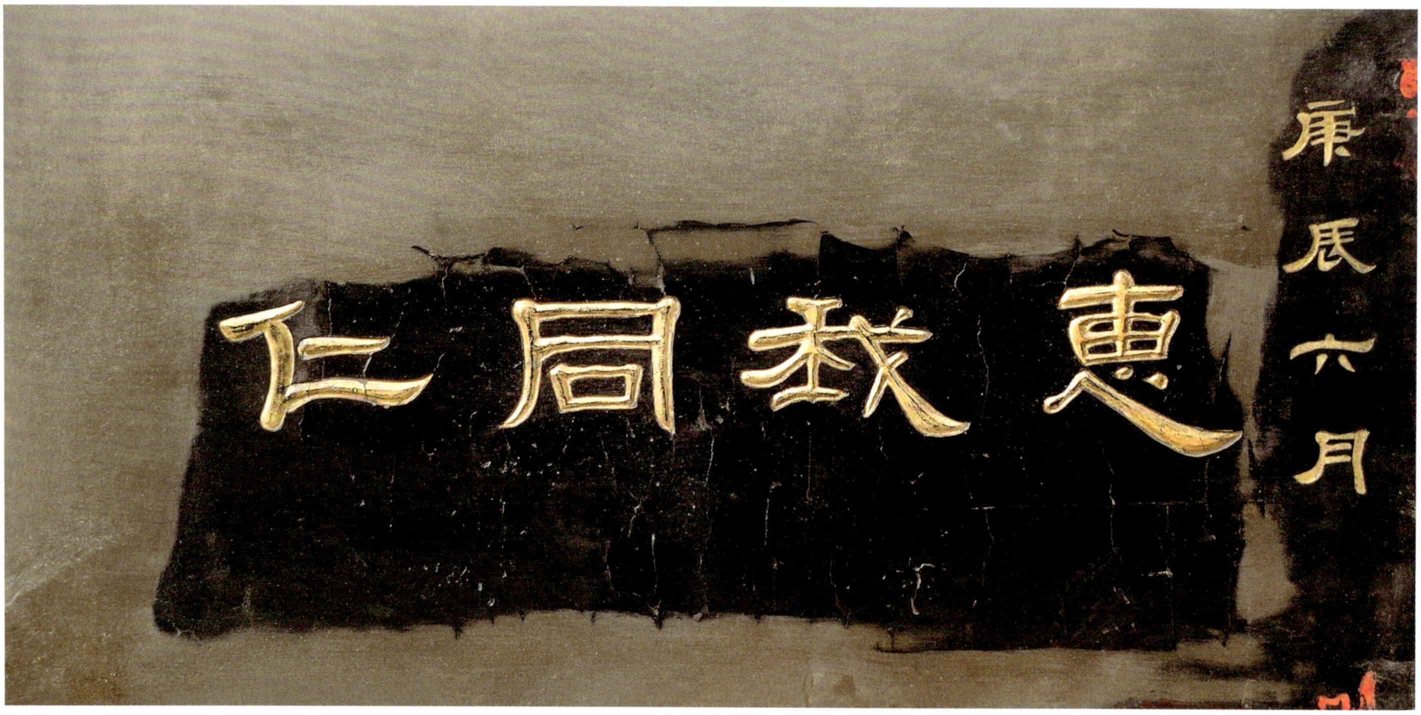

此匾主體文字系從右向左刻「惠我同仁」四個大字，右側爲「庚辰六月」。

庚辰六月

惠我同仁

【晉劇永傳】

年代：年代不詳

規格：寬一百九十四厘米
高七十六厘米

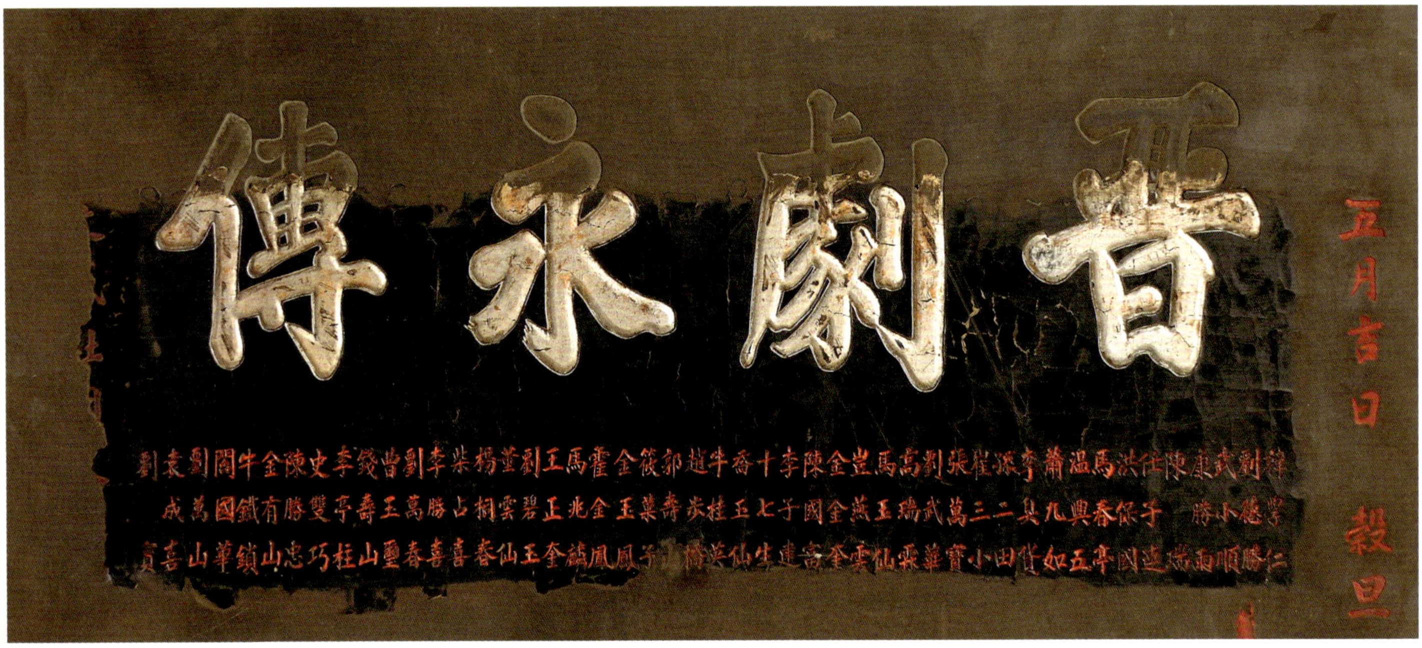

此匾主體文字系從右向左刻「晉劇永傳」四個大字，右側爲「五月吉日 穀旦」，左側爲「文武社同人恭」。匾下部列舉人名四十八位。

五月吉日

晉劇永傳

韓學仁 劉德勝 武小順 康勝雨 陳　瑞 任子連 洪保國 馬春亭 溫興五 蕭九如 李臭貨 孫二田 崔三小 張萬寶 劉武華 高瑞霖 馬玉仙 豈燕雲 金全奎 陳國富 李子建 十七生 喬玉仙 牛桂英

趙步桥 郭壽山 筱菓子 金玉鳳 霍金鳳 馬兆麟 王正奎 劉碧玉 董雲仙 楊桐春 柴占喜 李勝喜 劉萬春 曹玉璽 錢壽山 李亭柱 史雙巧 陳勝忠 金有山 牛鐵鎖 閻國華 劉萬山 袁成喜 劉　寶

穀旦

文武社同人 恭

附録

程椿德

程椿德（一八七四至一九四二），又名繼先，字振亭，祖籍安徽，生于北京，程長庚之孫。鼓師程章圃之子。幼承家學，入楊隆壽之「小榮椿」科班，先學老生、武生，後改小生。出科後，正值變嗓，一度隱退，後復出。一經露演，聲譽鵲起，其與王楞仙、徐蝶仙并稱小生「三仙」。自程之後，演小生者大多宗程。擅長的劇目有《群英會》、《八大錘》、《借趙雲》、《鎮潭州》等。

白登雲

白登雲（一九〇六年至一九九〇年），河北省人。七歲隨父在梆子班學習鑼鼓。後從京劇鼓師郭得順、鮑桂山等學藝。一九三四年後專任程硯秋鼓師。

楊小樓

楊小樓（一八七八年至一九三八年），京劇表演藝術家。本名三元，字嘉訓，藝名小樓，藝號「小楊猴」。祖籍安徽懷寧，生于北京，著名京劇演員楊月樓之子。

小樓自幼坐科「小榮椿」班，學名椿甫，工武生。先後從師于楊隆壽、姚增福等，并得到俞菊笙、譚鑫培等指點。十七歲搭班，二十八歲入升平署。先後組建、主持過的班社有陶咏、中興、崇林、松慶、雙勝、永勝等。一九一四年在北京建造了第一舞臺。由于他具有極高的藝術表現手段，精湛的演技，被譽為「武生宗師」。

同時，楊小樓極具愛國思想，在晚年編演《甘寧百騎劫魏營》劇中，慷慨激昂地宣揚誓死抗敵，保衛國土的愛國主義思想。楊小樓在繼承家學及俞、楊（隆壽）兩派的基礎上，創造了京劇武生中影響最大的流派「楊派」，以「武戲文唱」的藝術風格，把京劇武生表演藝術推向了一個新的高潮。

代表劇目：《鐵籠山》、《艷陽樓》、《長阪坡》、《挑滑車》、《惡虎村》、《趙家樓》、《安天會》。

葉春善

葉春善（一八七五年至一九三五年），京劇教育家。字鑒貞。祖籍安徽太湖，生于北京。清同光年間花臉演員葉中定之子。

葉春善幼小入「小榮椿」科班學藝，工老生，得楊隆壽、姚增祿教益。一九〇四年辦「喜連成」科班，一九一二年改名「富連成」，并主持班務及教學。科班輪流上演的劇目達四百出，培養的學生以百計。學生中較著名的有侯喜瑞、雷喜福、馬連良、譚富英、裘盛戎等。

尚和玉

尚和玉（一八七三年至一九五九年），京劇表演藝術家。河北寶坻人。九歲入玉田縣「九和春」科班學武生。得俞菊生薪傳。

尚和玉為人正派、厚道。同業稱之為「尚老將」。由于其在《收關勝》中的大刀下場，有萬夫不當之勢，人送美名「大刀和玉」。

楊小樓敬其才藝，曾言：「今日俞派武生，老尚不弱于我也。」

其擅長劇目有《四平山》、《鐵籠山》、《艷陽樓》、《收關勝》等。

解放後，尚和玉任中國戲曲學校教授，七十八歲高齡還登臺演出了《晉陽宮》。

俞振庭

俞振庭（一八七九年至一九三九年），著名武生俞菊生之子，有「俞五」、「小毛包」之稱。幼年受父親教授，工武生，與遲月亭、范寶亭、何月亭并稱「武戲四亭」。

其在清末民初，一改往日男女不同臺演戲之舊規，創男女同臺之先河，促進了京劇藝術的發展。

民國初年俞振庭創辦「斌慶社」科班，一九一七年組建「和春社」，一九二二年組建「雙慶社」。俞振庭還擅于經理戲園（曾任文明戲園經理）和演出組織工作，特别是在演出組織工作中，善于培養人才，如梅蘭芳、孫毓堃、李萬春等，都曾得其幫助。擅演的劇目有《金錢豹》、《艷陽樓》、《長阪坡》等，尤以《金錢豹》最爲著名。

馬德成

馬德成（一八八二年至一九五三年），字雲鵬，河北定縣人，自幼讀私塾，後入「寶盛和」梆子班科學文武老生。後拜師黄月山，專演黄派武生戲。擅演劇目有《劍峰山》、《獨木關》、《連環套》等。

時慧寶

時慧寶（一八八一年至一九四三年），字炳文，號智農。名旦時小福之子，祖籍蘇州，生于北京。爲孫（菊仙）派老生傳人。與汪（桂芬）派須生王鳳卿、譚（鑫培）派須生余叔岩在清末民初有「青年老生三杰」之稱。時慧寶的嗓音高亮清澈，演唱實大聲宏，酣暢痛快不遜于高慶奎，不足之處是調高嗓直，乏于韵味。其所擅長的劇目有《逍遥津》、《金馬門》、《三娘教子》、《雍涼關》、《朱砂痣》、《馬鞍山》、《鐵蓮花》、《戲迷傳》、《法門寺》、《三顧茅廬》、《上天臺》、《柴桑口》、《桑園寄子》、《雪杯圓》、《問樵鬧府》等戲。時慧寶演劇不重做派，身段動作不拘泥于舞臺規範，指手投足，隨心所欲，劇評家稱其爲「名士派」。

時慧寶精書法，通詩文，他從魏鉋公學習書法，運筆工秀，爲劇界之書法家。同時他還能咏詩、操琴，藝術修養頗深。一九三四年，時慧寶在天津演出《戲迷傳》，他當場書寫了「收復國土，還我東北」的大字條幅，表示他對帝國主義侵略我國國土的憤怒，他平日溫文爾雅，與人親善和睦，雖生活清苦，却肯于助人，深受劇界尊重。

王鳳卿

王鳳卿（一八八三年至一九五九年），又名祥臻、奉卿，字仁齊。原籍江蘇，生于北京。先後從師于崇富貴、陳春元、錢金福、李順亭，又得到汪桂芬教益。成爲清末民初「青年老生三杰」之一。擅演劇目有《文昭關》、《取成都》、《朱砂痣》、《魚腸劍》等。解放後在中國戲曲學校任教。

譚小培

譚小培（一八八三年至一九五三年），名嘉賓，原籍湖北，生于北京，系著名藝術大師譚鑫培之子。幼年就讀于北京同文館，學德文。後改學老生。中年後不常演戲，擅演劇目有《賣馬》、《打漁殺家》、《捉放曹》、《黄鶴樓》。其子爲四大須生之一的譚富英。

新中國成立後，譚小培任中國戲曲學校教授。

王又宸

王又宸（一八八三年至一九三八年），字痴公，號幼臣。原籍山東，寄居北京。幼年即喜好皮黄戲，專學譚腔。一九一一年弃官從藝。擅長劇目有《打漁殺家》、《南陽關》、《天雷報》、《烏盆記》、《失街亭》等。

遲月亭

遲月亭（一八八三年至一九六四年），北京人。清末著名老生遲韻卿之子。工短打武生。擅演劇目《丁甲山》。「武戲四亭」之一。新中國成立後任中國戲曲學校教授。

言菊朋

言菊朋（一八九〇年至一九四二年），原名錫，北京人。原為票友，私淑譚派。後改為專業演員。其據自身條件，創造了「言派」藝術。擅演劇目有《讓徐州》、《臥龍弔孝》、《法場換子》、《上天臺》等。

高慶奎

高慶奎（一八九〇年至一九四二年），名鎮山，號子君，原籍山西，生于北京。清末丑角演員高四保之子。幼年從賈麗川學老生。十二歲登臺。後得賈洪林、李鑫甫指點。他集衆家之長，獨創「高派」演唱藝術。能勝任生、旦、淨不同行當的演唱。一九二一年與郝壽臣組建「慶興社」。三十年代末因嗓音失潤而隱退舞臺。擅長演出劇目有《逍遥津》、《斬黄袍》、《斬馬謖》、《胭粉計》、《探陰山》、《游六殿》等。

楊瑞亭

楊瑞亭（一八九二年至一九四八年），天津著名武旦楊德順之子。楊瑞亭原為「寶勝和」梆子班老生演員，後改唱皮黄老生。先期擅長文老生，後改習武老生，時而又唱老旦戲。

周信芳

周信芳（一八九五年至一九七五年），字士楚，藝名為「麒麟童」。原籍浙江，生于江蘇。幼年從陳長興學戲，七歲登臺，以「七齡童」、「麒麟童」藝名隨班演出。十三歲入「喜連成」科班深造。周信芳不僅在京劇表演上有巨大成就，在話劇表演、藝術創作上也有較高造詣，并集百家之長，補己之短，創造出獨特的「麒派」表演藝術。

周信芳擅演劇目有《打漁殺家》、《打嚴嵩》、《徐策跑城》、《蕭何月下追韓信》。

新中國成立後，曾當選全國人大代表，歷任中國劇協副主席、中國戲曲研究院副院長、上海京劇院院長。

毛韻珂

毛韻珂（一八八五年至一九四一年），乳名秋兒，名仲琳，字少珊，藝名七盞燈。工旦。幼年習梆子老生，兼習黑頭。倒倉後改習花旦。又從余伯清習皮黃。其戲路寬，多才多藝，生、旦、淨、丑、武生、時裝戲無一不唱。擅演劇目有《辛安驛》、《花田錯》、《英杰烈》等。

周瑞安

周瑞安（一八八七年至一九四五年），原籍湖北，生于北京。工武生。清末梆子老生周如奎之子，幼年隨父練功，後入「義順和」班學武生，宗學楊小樓。腿功極好，人稱「周一腿」。擅演劇目《連環套》、《長阪坡》、《八大錘》、《英雄義》等。

張春彥

張春彥（一八九四年至一九五五年），原籍通州，工老生。自幼坐科「長春」班學老旦，後拜徐椿明學老生。擅演劇目有《閔山府》、

《下河東》等。

苗勝春

苗勝春（一八八二年至一九七一年），河北省人。工文武老生，兼文武丑。幼入天津「永勝和」科班學梆子，後改皮黃。曾與眾多大師合作，尤以與周信芳合作最久。擅演劇目有《玉堂春》、《四進士》、《連環套》等。五十年代曾在蘇州孤兒戲校執教，後在南京戲劇學校任教。

雷喜福

雷喜福（一八九四年至一九六九年），原名雷海峰，北京人，七歲入「喜連成」科班，初學武生，後改老生，從師葉福海、蕭長華。出科後又向賈洪林學習。早年在「富連成」班任教，馬連良、譚富英等均得其教益。新中國成立後任教于中國戲曲學校。

貫大元

貫大元（一八九七年至一九六九年），名瑛，字昱明。原籍昌平縣。清末著名武旦貫紫林之子。幼從賈麗川學老生。後在「喜連成」科班學藝。變聲後，又向王瑤卿、劉景然學習。三十年代因嗓音失潤而退隱舞臺。其擅演劇目《探放曹》、《南陽關》、《武家坡》、《李陵碑》、《失空斬》等。其弟貫盛吉為名丑。

新中國成立後，貫大元任中國戲曲學校教師。

李洪春

李洪春（一八九八年至一九九〇年），原名李春才。祖籍南京，生于北京。清末老生演員李春福之子。幼年入陸華雲之「長春班」

學藝，初學小生、武生，受教于陸華雲、姚增祿。一九〇七年長春班解散，李洪春回家隨父學藝，并從劉春喜、譚春仲等學文武老生。二十歲又拜王鴻壽學紅生戲。擅演劇目有《盜宗卷》、《槍挑小梁王》、《古城會》、《截江奪斗》等。

李洪春除演戲外，多年從事教育工作，曾任教的科班和戲曲學院有斌慶社、榮春社、中華戲曲專科學校、正音國劇社、上海戲曲學校、中國戲曲學院。

張榮奎

張榮奎（一八八五年至一九四七年），原籍江蘇，生于北京。工文武老生。父名文亮，早年由蘇州入京的徽班演員。張榮奎幼年入「小榮椿」科班。習文武老生，受教于楊隆壽、賈麗川。一九一八年在上海老共舞臺演出。一九二八年任天津長在唱片公司經理葉庸方的家庭教師。一九三二年返滬，以授徒為業。擅長劇目有《定軍山》、《戰太平》、《下河東》、《長阪坡》、《獨木關》等。

余叔岩

余叔岩（一八九〇年至一九四三年），原名第祺，藝名「小小余三勝」。祖籍湖北，生于北京。清末著名老生余三勝之孫，著名花旦余紫雲之子。幼年承家學，九歲開始學藝，先後從其長兄伯欽、吳聯奎學老生，與姚增祿練功學武生。十三歲在「福慶班」演唱。十五歲到天津「下天仙」搭班演戲，有「小神童」之譽。十八歲後因變聲在家休養，并向錢金福、王長林、陳彥衡、王君直、溥侗學習。二十四歲，加入著名票房「春陽友會」。一九一五年拜譚鑫培為師。在學習他家之長的同時，又加以變革，從而形成具有獨特風格的「余派」演唱藝術。三十年代後，凡唱老生者均以「余派」為規範而習之。擅演劇目《戰太平》、《空城計》、《定軍山》、《南陽關》、《失印救火》、《搜孤救孤》等。

王連平

王連平（一八九八年至一九九二年），字隅清，原籍山西。一九〇六年入「喜連成」科班，先後從姚增祿、茹萊卿等學武生。後因患眼疾，退出舞臺，專事教育工作。楊盛春、葉盛章、高盛麟都得其教益。先後工作于張家口劇院、中國戲曲學校。

哈寶山

哈寶山（一九一三年至一九九四年），北京人，幼讀私塾，九歲從蔡榮貴學老生。十歲登臺演娃娃生。一九二六年參加馬連良扶風社。一九三一年至一九四九年間先後搭荀慧生、譚富英、楊寶森、程硯秋、梅蘭芳等班演戲。其擅演劇目有《清官册》、《四進士》、《失街亭》、《文昭關》等。一九五六年，參加天津市京劇團。

李盛斌

李盛斌（一九一一年至一九九〇年），北京人。八歲入「富連成」科班，先學武丑，後改武生，擅長短打武生戲。也能演長靠戲。其擅演的劇目有《伐子都》、《武文華》、《趙家樓》、《三岔口》、《金鎖陣》、《戰馬超》、《水簾洞》等。晚年在福建省從事戲曲教育工作。

高百歲

高百歲（一九〇三年至一九六九年），字幼齊，號伯綏。北京人。幼從師李正義。十二歲曾在「喜連成」搭班學藝。擅演劇目有《徐策跑城》、《打嚴嵩》、《坐樓殺惜》、《四進士》、《蕭何月下追韓信》等。

新中國成立後，任武漢京劇團團長。

奚嘯伯

奚嘯伯（一九一〇年至一九七七年），北京人。票友出身。宗譚派。從師言菊朋。三十年代初開始搭班演出。一九三五年入承華社。後與張君秋、李洪春等人組忠信社。其表演藝術世稱「奚派」。三十年代末與馬連良、譚富英、楊寶森并稱「四大須生」。擅演劇目有《梅龍鎮》、《空城計》、《十道本》、《法門寺》、《白帝城》、《蘇武牧羊》等。

新中國成立後，任嘯聲京劇團團長、奚嘯伯京劇團團長、石家莊專區京劇團團長。

李桂春

李桂春（一八八五年至一九六二年），藝名小達子。河北霸縣人。幼年曾在碼頭做船工。十二歲入「永勝和」梆子科班學戲，先學武生，後改老生。民國後唱京劇老生，宗李吉瑞。擅演《獨木關》、《風波亭》、《請送靈》、《逍遥津》、《打金磚》等戲。

新中國成立後，任河北戲曲學校校長。

李少春

李少春（一九一九年至一九七五年），河北霸縣人，工老生、武生。自幼隨父李桂春學藝，後隨陳秀華、丁永利學戲。一九三八年，拜余叔岩為師，得其親傳。老生宗余，武生宗楊。三十年代至四十年代先後組織群慶社、起社。擅演劇目有《戰太平》、《定軍山》、《空城計》、《挑滑車》、《兩将軍》、《長阪坡》、《三岔口》、《水簾洞》、《鬧天宮》、《野猪林》、《雲羅山》、《白毛女》、《紅燈記》等。

新中國成立後，先後參加新中國實驗劇團，中國京劇試驗工作團及中國京劇院一團。

馬連良

馬連良（一九〇一年至一九六六年），字温如，北京人。其父經營茶館，業餘喜戲。馬連良年幼時曾隨父學唱京劇。一九〇九年入「喜連成」科班學藝，教師爲葉椿善、郭椿山、蕭長華、蔡榮貴等，并受大師兄雷喜福指點。一九一一年馬連良在科内登臺演出，素有「小洪林」之稱（洪林指賈洪林）。

馬連良十八歲出科。出科後，邊實踐邊學習。先後得到了孫菊仙、賈洪林、劉景然指點。并求藝于王瑶卿、王長林、楊小樓等名家。同時不斷創新，終于發展成爲獨樹一幟的「馬派」表演藝術。早在二十世紀二十年代，馬連良便躋身于「四大須生」之列，三四十年代，馬連良又位列「後四大須生」之首，在衆須生名宿中，馬連良與周信芳并譽爲「北馬南麒」。

擅演劇目有《蘇武牧羊》、《串龍珠》、《四進士》、《清風亭》、《打漁殺家》、《甘露寺》、《群英會》、《八大鎚》、《一捧雪》、《火牛陣》、《十老安劉》、《海瑞罷官》等。

新中國成立後，馬連良老當益壯，仍活躍在新中國的京劇舞臺上。歷任北京京劇團團長、北京市戲曲學校校長。

郭仲衡

郭仲衡（一八八九年至一九三二年），原名權，北京人，原爲醫生，喜愛京劇，與賈洪林關系較近，專學汪（桂芬）派，常在春陽友會演唱，中年後改行爲專業演員。他嗓音高亮干净，唱腔雄勁豪壯，唱法有汪派特色，扮相雍容華貴，擅演王帽戲，當時對他評價爲「飾貌端雅，有佩玉鳴鑾之度」。常演戲目有《完璧歸趙》、《四郎探母》、《文昭關》、《取成都》、《戰長沙》、《華容道》、《白馬坡》等。後曾與程硯秋合作演出。

趙桐珊

趙桐珊（一九〇一年至一九六八年），京劇演員，原名同山，字醉秋，藝名芙蓉草，河北武清人。九歲來北京跟隨趙庭璽學藝，開始學梆子青衣，練習蹺功，開蒙戲學了《忠孝牌》。十二歲入「三樂社」科班，先從師玻璃翠、冰糖脆學梆子花旦，又從王貴山（五盞燈）學京劇，以擅長做戲受到好評，與尚小雲、白牡丹（荀慧生）合稱為「正樂三杰」。在上海演出連臺本戲《女俠紅蝴蝶》紅極一時。由于他的技藝廣博，同業者稱他為「能派」。他刻畫人物細膩入微，舉止情態真實動人，扮演任何角色均能光彩奪目。新中國成立前後他曾先後在上海戲劇學校、中華戲曲學校、中國戲曲學校任教。

姜妙香

姜妙香（一八九〇年至一九七二年），名汶，字慧波，原籍河北獻縣，生于北京。幼從謝雙壽習青衣，從田寶琳學昆曲，十五歲時與名老生王鳳卿、許蔭棠及名老旦龔雲甫等合組共奎社并同臺演出，嗓音甜亮清脆。他在唱腔方面有不少改革創新，如《玉門關》中的大段西皮慢板，《四郎探母·尋營》時所唱西皮原板，優美動聽，一直流傳至今。念白講究發音吐字，四聲分明，剛勁有力，清晰悅耳。常年與梅蘭芳同臺合作，以表演認真、配合默契為梅所倚重。一生演戲從不偷閑取巧，即使常演的熟戲，演前也默習幾遍，梅蘭芳贊他是「百遍功」。他為人謙恭誠篤，在同行中有「姜聖人」的雅稱。業餘愛好是繪畫，以習牡丹著稱，晚年執教于中國戲曲學校。

閻嵐秋

閻嵐秋（一八八二年至一九三九年），藝名「九陣風」，北京人，工武旦，幼入「小天仙」科班，從方二群練功學戲，專工武旦，後得其岳父朱文英傳授，技藝日精，與楊小樓、俞振庭、余叔岩、高慶奎、尚小雲、程硯秋同臺合作，頗受好評。除演武旦、刀馬旦外，尚能演花旦，他的武功扎實，蹺功極好。武打率利輕捷，出手優美靈活，演武戲注意按照不同劇情、不同人物的特點塑造人物，一改過去武旦只突出武技的傳統，在武旦技巧上多有創新。中年後曾執教于中華戲曲職業學校及「富連成」科班。

李世芳

李世芳（一九二一年至一九四七年），著名梆子演員李子健之子。十一歲入「富連成」班學藝，工青衣花衫，受教于尚小雲、蕭長華、魏蓮芳，在科班為高材生，已享有名聲，人稱「小梅蘭芳」。出科後以梅派傳人組班演唱，聲譽日高，曾與張君秋、毛世來、宋德珠被評為「四小名旦」。他扮相俊美大方，做工細膩傳神，常演劇目有《鳳還巢》、《霸王別姬》、《貴妃醉酒》、《金山寺》等。一九四六年冬赴滬公演。次年一月五日乘機返京，不幸遇難身亡，年僅二十六歲。

張君秋

張君秋（一九二〇年至一九九七年），名家洪，字玉隱，原籍江蘇丹徒縣，生于北京，十四歲跟隨李凌楓學戲，工青衣，又先後拜尚小雲、梅蘭芳為師，戲路基本上宗梅（蘭芳），而後從尚（小雲）吸收不少藝術營養。扮相雍容大方，嗓音寬亮甜潤，十六歲開始登臺演出，曾與馬連良、譚富英等同臺合作，以演《祭塔》、《祭江》、《二進宮》、《六月雪》、《坐宮》等戲稱著一時。新中國建立後，排演出《望江亭》、《楚宮恨》、《秦香蓮》、《珍妃》、《秋瑾》、《狀元媒》、《西厢記》等新編歷史題材和現代題材的《年年有餘》等戲。二十世紀八十年代中，逐漸脫離舞臺，在中國戲曲學院任副院長、教授，從事戲曲教育工作。

毛世來

毛世來（一九二一年至一九九四年），原籍山東掖縣，生于北京，九歲入「富連成」科班學藝，工武旦、花旦，在科班已享盛名，被評名「四大童旦」之一，後拜梅蘭芳、尚小雲、荀慧生、趙桐珊爲師，繼承前輩技藝，并有所創新，被譽爲「四小名旦」之一，十九歲出科。他嗓音清亮，念白干脆，扮相俊俏，蹺功極佳，文武兼備，唱做俱佳。擅長劇目有《鐵弓緣》、《英杰烈》、《紅娘》等。新中國成立後曾任吉林省京劇團團長、省戲校副校長。

臧嵐光

臧嵐光（一九一二年至一九八〇年），京劇演員，工旦，河北保定人。幼年酷愛京劇。一九三〇年投師王蕙芳，并向王瑤卿、梅蘭芳問藝，後又得歐陽予倩指教。他天資聰穎，學藝刻苦，基本功扎實，善于博采衆長，融化吸收，在表演上能揚長避短，有較强的創造能力，他以吐字清晰、唱腔婉轉、做工細膩傳神而博得觀衆贊譽。他戲路寬，會戲多，青衣、花旦、刀馬旦皆長，常演劇目有《貴妃醉酒》、《翠屏山》、《春秋配》等。在西安市藝術學校任教，傳藝頗廣。

南鐵生

南鐵生（一九〇二年至一九九二年），湖北浠水人，票友出身，供職于漢口平漢鐵路局，因酷愛京劇，業餘研習旦角，曾向王瑤卿請益。一九二三年結識程君謀、關永齊、龍蝶仙、萬奉一、吳伯清等，在漢口組成票房「息社」和「戊辰票社」，經常演出，享有「漢口梅蘭芳」之稱，拿手戲有《棋盤山》等。南鐵生曾先後與四大名旦、姜妙香、俞振飛等同臺演出，并與梅蘭芳、言菊朋等交厚，後因病息影舞臺。

黃玉麟

黃玉麟（一九〇七年至一九六八年），名瓊，字瑞生，別號歐碧館主，曾用藝名「綠牡丹」。九歲拜戚少英為師，專工花旦，十一歲時始登臺即享大名。一九二三年，十六歲滿師，復用黃玉麟名字演唱。同年赴北平演《風塵三俠》、《龍女牧羊》等劇，博得觀眾贊譽。又拜王瑤卿為師，并虛心向京劇旦行名家請教。曾與趙君玉、小楊月樓、劉筱衡并稱為南方京劇的「四大名旦」。黃玉麟嗓音甜潤細膩，扮相秀麗俊美，體態輕柔，能歌善舞，頗具女子氣質。

李金鴻

李金鴻（一九二三年至二〇一〇年），天津人，一九三一年入中華戲曲專科學校。一九三九年畢業，在校師從十陣風（張善亭）、九陣風（閻嵐秋）、朱桂芳、諸如香等。出科後又拜尚小雲、梅蘭芳為師。李金鴻基本功堅實，扮相俊俏，身段婀娜剛健，能文能武，曾與李萬春、葉盛章、葉盛蘭、程硯秋、楊寶森等同臺合作演出。擅長劇目有《金山寺》、《盜仙草》、《扈家莊》、《楊排風》、《虹霓關》、《穆柯寨》、《無底洞》、《戰宛城》、《翠屏山》、《小放牛》等。近年來在中國戲曲學校任教。

李金泉

李金泉（一九二〇年至二〇一二年），原名李景泉。十三歲入中華戲曲專科學校學戲，從文亮臣、徐壽祺等學老旦。一九四〇年畢業，一九四二年拜李多奎為師深造。一九五一年參加中國京劇院。李金泉嗓音寬厚高亢，演唱技巧全面，善于編創新腔，用唱腔傳情和刻畫人物，他基本功扎實，學藝勤奮，戲路寬廣，能唱善做。常演劇目有《岳母刺字》、《罷宴》、《李逵探母》、《宋景詩》之宋母、《穆桂英掛帥》之佘太君、《六月雪》之蔡婆、《響馬傳》之秦母。在《李逵探母》中編創的「反西皮二六」唱腔，膾炙人口。

黃桂秋

黃桂秋（一九〇五年至一九七八年），京劇演員，原名黃德銓，號蔭卿，別署「桂軒主人」，湖北江夏人，祖籍安徽省安慶市，生于北京。黃桂秋自幼喜愛京劇，一九二四年中學畢業後在鐵路局工作，曾以票友的身份在京津走票，工旦。一九二七年正式拜師陳德霖，深造後經常與馬連良、余叔岩、高慶奎、楊小樓等合作演出。當時拿手劇目有《春秋配》、《別宮祭江》。後來黃桂秋去南方，以《別宮祭江》獲得「江南第一旦」的稱號。他的嗓音甜美，在「陳腔」的基礎上强調湖廣韻，吐字行腔講究技巧。不久，即以獨樹一幟的藝術風格蜚聲江南。

趙君玉

趙君玉（一八九四年至一九四三年），名雲麟，原籍安徽，生于上海，爲名鼓師趙松壽之孫，武生趙小康之子。最初學花臉，藝名大大奎官，改習小生、武生後始名君玉。因長期爲馮子和配演小生，對馮子和的唱念和做工有較深的研究和體會，改演旦角後漸露頭角。一九四一年和梅蘭芳合演《五花洞》之後，名聲大噪。趙君玉天資聰敏，扮相秀麗，在譚鑫培、夏月珊、馮子和、梅蘭芳、歐陽予倩等名家教導影響下，在演技方面頗多建樹，幾次赴京獻藝都載譽而歸，成爲南派旦角中的突出人物。

王芸芳

王芸芳（一九〇三年至一九四七年），原名邱步，山東人，幼年讀書，業餘嗜好戲曲。十八歲畢業于濟南中學，後轉入山東「易俗社」

學戲。為求深造，二十歲至京、津、滬等地求藝，拜王瑤卿和名票吉佩如為師。他的嗓音明亮清脆，因其具有文學基礎，演戲注重表情，做工動作不溫不火，恰到好處。

侯俊山

侯俊山（一八五七年至一九三五年），原名達，又名喜麟，藝名十三旦，原籍山西洪洞，生長于張家口。幼年時因家境貧寒而學秦腔花旦，扮相俊秀，文武兼能。同治九年來到北京，唱河北梆子，與京劇皮黃同臺演出，以表演細致入微、身段真實動人而譽滿京城。光緒十八年被選為內廷供奉，其拿手戲有《鐵弓緣》、《紅梅閣》、《花田錯》等。今日京劇舞臺上的花旦戲《辛安驛》和武生戲《伐子都》中的武功動作、表演技藝均為侯氏所創。京劇的旦角表演藝術在光緒年間，由于吸收了梆子劇種的藝術特長而得到了迅速發展。侯俊山也正是一位將梆子腔的優長融于京劇之中的前輩藝人。

劉奎官

劉奎官（一八九四年至一九六五年），京劇淨行演員。河南開封人。六歲起從其父劉長清練功學戲，演武花臉、紅生，他嗓音高亢，工架穩健，腿功甚好。他的紅生戲融匯各派之長，別具一格，以飾演《古城會》中關羽、《通天犀》中青面虎、《狀元印》中常遇春等著名，尤其是《通天犀》中青面虎，在羅圈椅上的表演技巧十分精彩。

梁連柱

梁連柱（一九〇一年至一九八〇年），京劇演員、教師。原籍河北通縣。出身貧苦，幼入北京「喜連成」科班第二科，工花臉；十九歲出科，先後在京津兩地搭俞振庭、楊小樓、崔靈芝、梅蘭芳、高慶奎、李桂春、唐韻笙的班社演戲；一九三八年南下，在上海大舞臺搭班演戲，于次年任上海戲劇學校教師；後又在四維劇院學校執教多年。他博聞强記，許多大小文武劇目皆能通篇背誦，在教學中生旦淨丑、文武昆亂無不教授。

韓富信

韓富信（一九〇一年至一九四五年），工武淨，北京人，十三歲入「富連成」科班，由劉喜益開蒙習武淨，後向董鳳岩、蕭長華、侯喜瑞等人學戲。戲路極其寬廣。他的表演嚴肅認真，功架講究，兼擅跌撲。他的臉譜亦很精致。一九二三年後在京、津、滬等地搭班。一九三五受聘天津稽古社子弟班，任副社長兼教師。

朱殿卿

朱殿卿（？），藝名小玉奎，工架子花臉，清末著名秦腔老生孫佩亭的入室大弟子，曾學戲于「三樂」科班。

劉永奎

劉永奎（一八七五年至一九四二年），京劇演員，工銅錘及架子花臉。天津人，幼入天津「永勝和」科班學藝。劉永奎嗓音高亢，音色醇厚，頗具黄鐘大吕的氣魄。出科未幾蜚聲天津。一九〇〇年，與李吉瑞，碧雲霞等南下，深受上海觀衆歡迎。一九二〇年以後又兼演老生，擅演孫（菊仙）派戲。常演的花臉戲有《御果園》、《草橋關》、《連環套》、《牧虎關》等；老生戲有《七星燈》、《逍遥津》、《上天臺》、《葫蘆峪》、《戰北原》、《罵王朗》等。

婁廷玉

婁廷玉（一八九八年至一九七三年），京劇演員，工武淨、武生。原籍河北省任丘縣。十五歲入「福盛和」科班習武生。一九二〇年出科，又師事名淨尚和玉。婁廷玉戲路寬，基本功扎實，開打勇猛，凡靠把、短打武生戲、武淨戲均擅演。唯其嗓音較差，拙于唱工。常演劇目有《牛邈造反》、《李家店》、《惜惺惺》、《英雄義》、《大名府》、《四平山》、《艷陽樓》、《鐵籠山》、《收關勝》等，享譽一時。一九三八年任天津稽古社子弟班社長，兼任教師。一九五七年受聘到天津市戲曲學校任教，受益者頗多。婁廷玉為人正直，急公好義，晚年仍練功不輟。一九七三年歿于故里。

孫盛文

孫盛文（一九一〇年至一九八一年），字棣臣。京劇演員、教師，工銅錘及架子花臉。原籍河北河間，生于上海。八歲讀書，十歲與弟盛武同入北京「富連成」科班第四科，從裘桂仙、葉福海、蕭長華、蔡榮貴、王連平學戲。一九三〇年至一九四〇年，先後搭李盛藻、尚小雲、言菊朋、荀慧生、葉盛蘭、趙燕俠各班，演出于京、津、滬、漢等地，他從十七歲開始教學，先留在「富連成」執教，後又在榮春社、中華戲曲專科學校兼課，裘盛戎、袁世海、袁世戎、譚世英、馬世嘯、殷元和、景榮慶、羅榮貴、夏韻龍等均曾從他受業，一九五一年他先後在武漢中南戲曲學校、沈陽東北戲曲學校和中國戲曲學校任教。他在教排劇目中，做了諸多的藝術創新。

劉連榮

劉連榮（一八九九年至一九七九年），京劇演員，工花臉。北京人，十五歲入「喜連成」科班（後改稱「富連成」社），先學河北梆子老生，後跟隨姚增祿學武生，最後改學京劇花臉。劉連榮嗓音洪亮，工架穩健。雖以演架子花為主，但戲路廣博，唱、念、做兼擅。畢業後留班演戲。後長期搭梅蘭芳班，頗為梅蘭芳所倚重；中間曾搭馬連良班，與馬連良相得益彰。他為人忠厚，不計名利，人皆願意與之合作。常演劇目有《群英會》中之曹操、黃蓋，《四進士》中的顧讀，《串龍珠》中的完顏龍，《打嚴嵩》中的嚴嵩，《宇宙鋒》中的趙高等。與梅蘭芳合作演出的《霸王別姬》影響最為顯著。

朱澐

朱澐（一八七二年至一九三〇年），又名素雲，號紉秋，字稚仙。江蘇蘇州人。武旦朱小元之子。先入錢秋菱開設的「熙春堂」學昆旦，後改小生。拜「四喜」班小生鮑福山為師。又曾經徐小香的指點。他唱做兼精，演戲英俊瀟灑大方。擅長劇目有《射戟》、《群英會》、《黃鶴樓》、《飛虎山》、《取南郡》、《臨江會》等，同時，又兼擅武戲，如《霓虹關》的王伯當、《穆柯寨》、《破洪州》的楊宗保等，尤其對槍的架勢，英武瀟脫，與王瑤卿、楊小朵三人有「三美」之稱。他對小生表演的哭與笑均有所創造。他戲路寬廣，腹笥淵博，為繼王楞仙、鮑福山之後的小生杰出人才。于光緒三十三年入署。曾與梅蘭芳、尚小雲、程硯秋配戲。

王泉奎

王泉奎（一九一一年至一九八七年），京劇演員，工淨。回族，生于北京。八歲當童工，十六歲拜張春芳為師，習京劇花臉，臺風端莊嚴正，擅演銅錘唱工戲，有「金嗓子銅錘」之稱。曾與尚小雲、余叔岩、王又宸、譚富英、馬連良、雪艷琴、梅蘭芳、周信芳、張君秋、楊寶森等合作，均受倚重。擅演《刺王僚》、《大保國·探皇陵·二進宮》、《白良關》、《牧虎關》、《草橋關》、《打龍袍》、《御果園》、《黃金臺》、《洪羊洞》、《探陰山》、《捉放曹》等。

裘盛戎

裘盛戎（一九一五年至一九七一年），京劇演員，工花臉。北京人。裘桂仙之次子。自幼從父學藝，一九二八年入「富連成」坐科，受業于蕭長華、王連平、孫盛文等。銅錘、架子、武二花無所不學。一九三四年出科後，在與楊小樓、尚小雲等名角的合作中，博采衆長，于二十世紀四十年代末便成爲金少山後又一位挑班的花臉演員。其風格獨特的唱、念表演，被稱爲「裘派」。其表演韻味濃厚，含蓄細膩。其唱腔除繼承净行前輩的特點外，還吸收了老生、青衣唱腔中婉轉的抒情特色。他在表演中善于調動一切藝術手段，極其細膩地刻畫人物。像做工老生一樣來設計表演，使粗獷豪放的花臉風格中糅進流暢秀麗特色，稱爲「做工銅錘」，爲净行開創了一個新境界。其能戲很多，如《盜御馬》、《鍘美案》、《姚期》等。傳人有方榮翔、李長春。其弟世戎亦工花臉。

袁世海

袁世海（一九一六年至二〇〇二年），京劇演員，工架子花臉。原名袁瑞林，北京人。八歲從許德義練功，同時從吳彥衡學老生。一九二七年入「富連成」科班，開始學老生，後改架子花。取名袁世海。師從孫盛文、王連平等。一九三四年出科，後隨馬連良、程硯秋、尚小雲、高慶奎等人在各大城市演出，聲譽日隆。一九四〇年拜郝壽臣爲師，在郝師指導下，技藝日精。他在表演中兼容并蓄，揚長補短，偶有所得必化爲己有，一方面彌補自己的嗓音不佳的缺陷，另一方面也豐富了自己的表演藝術。他學習郝派，爲求活學活用。他的念白剛勁爽朗，尖團分明，發聲歸韻准確清楚。即使同一人物在不同劇目中，他的處理也不雷同。

艾世菊

艾世菊（一九一六年至二〇一二年），京劇演員，工文武丑。原名艾雲章，又名艾世環。北京人。少時曾從相聲藝人張壽臣、劉德智學過相聲。十二歲入「富連成」科班學藝，從蕭長華、葉盛章學文武丑。一九三七年出科，又從馬富祿、王福山等深造。一九三八年在上海、天津、北京等地演出，與蓋叫天等人合作，相得益彰。一九五二年參加上海京劇院。其演出精細認真，口齒清晰，身手敏捷，動作干淨，開打利落，拿手的劇目有《小放牛》、《小上墳》、《打杠子》、《巧連環》、《浣花溪》等。

金少山

金少山（一八九〇年至一九四八年），本名義，字仲義，北京人，滿族。工淨。名淨金秀山之子。幼承家學，并從架子花臉韓二雕（樂卿）、何通海、屈北奎、劉永春學過戲。後與梅蘭芳配戲演《霸王別姬》而一鳴驚人，得「金霸王」之稱。他嗓音洪亮，聲震屋瓦，身材魁梧，氣勢奪人。一九三七年，金少山由上海返回北京組建松竹社，公演四天，其演技征服了北京的廣大觀衆，無不嘆服其技藝之高絕。

金少山之所以成名，除他得天獨厚的藝術條件外，還在于他多年的藝術實踐和不斷摸索出來的舞臺經驗。另外，其在藝術上的成就也有賴于他的創新精神。金少山的演出劇目頗爲寬博，代表劇目有《草橋關》、《白良關》、《刺王僚》、《捉放曹》、《牧虎關》、《審李七》、《霸王別姬》、《法門寺》、《御果園》、《盜御馬》、《斷密澗》、《鍘美案》、《太行山》、《取洛陽》、《黃一刀》、《清風寨》等。

他形成了「金派」，宗者頗多，得其神者，有吴松岩、王泉奎、婁振奎、趙炳嘯等。

王長林

王長林（一八五八年至一九三一年），又稱王栓子，北京人。工武丑，兼演文丑，他發揚和豐富了前輩的表演技藝，成爲清末同光以來最有影響的武丑流派，稱「王派」。他動作輕捷，武功扎實。演戲非常講究「做工」，善于根據不同的人物安排動作表演，有「一人千面」之贊譽。他演武丑不求翻跌上的猛悍，以工架嚴謹、動作穩健、表情逼真、話白伶俐爲其特長。王長林一生能戲極博。其子王福山亦工丑。得其真傳的有葉盛章、蕭盛萱、傅小山。

郭椿山

郭椿山（一八七四年至一九四五年），京劇演員，工文丑。幼年入「小榮椿」科班與楊小樓、程繼仙同科，師事唐玉璽，昆黃兼學。出科後在北京搭班，擅演昆曲中的丑角。他嗓音響亮，但在臺上卻不亂用高嗓，念白講究語氣，動作穩健大方，在冷峻的表情中給人以幽默感。素以扮演二丑角色出色，如《打曹豹》中的曹豹，《四進士》中的楊青等。常為楊小樓、尚小雲、梅蘭芳、馬連良、郝壽臣等配戲。與同時的名丑蕭長華、慈瑞泉有「丑行三大士」之譽。擅演《打曹豹》、《四進士》、《安天會》、《臨江會》。他曾在富連成社、中華戲曲學校、榮春社任教多年，桃李滿門。劉斌昆、曹二庚、朱斌仙等均為其弟子。其子郭元祥，亦工文丑。

蕭長華

蕭長華（一八七八年至一九六七年），自號和莊，堂號「榮華」。十一歲從徐文波學戲，十二歲在三慶班借臺實習。十八歲拜宋萬泰為師，專攻文丑。其嗓音清脆，念白利爽，以演方巾丑最著名。青年時與譚鑫培、孫菊仙、王楞仙、黃潤甫、劉鴻聲等劇界名宿同臺演出，後又與梅蘭芳、楊小樓合作多年。他在藝術上博覽精英，兼收并取，其表演風格以靈雋、深醇、冷峭、脫俗而獨樹一幟。演戲講究表情，善于據不同性格安排唱念動作。他在念白上尤見功力。其念白聽來流暢，富于美感，十分講究語氣和傳神。同時，他還是一位功績卓著的戲曲教育家，曾任「富連成」科班總教習。新中國成立後，先後任中國戲曲學校教授、副校長、校長等職。培養出了如雷喜福、馬連良、于連泉、譚富英、孫盛武、葉盛蘭、袁世海等名角。在其晚年，他還就其一生的藝術經驗撰寫了許多論藝文章，為後世留下了很好的學習和研究資料。蕭長華一生，為人正直，生活儉樸，作風正派，從藝認真。其子蕭盛萱，工丑。

傅小山

傅小山（一八八〇年至一九三四年），京劇演員，工武丑。滿族。拜許福雄為師，習武丑。一度輔佐武生周瑞安，但以和王長林一起輔佐楊小樓時間最長。其嗓音略嫌嘶啞，但念白流利爽快，頗見功力。身段動作矯健輕巧，風格是武中見文，穩練中見火爆，端莊大方，還精煉于矮子功，其代表劇目有《盜鉤》、《九龍杯》、《霸王莊》、《巧連環》、《盜甲》等。其弟子有馬福祿、王福山等。

慈瑞泉

慈瑞泉（一八八二年至一九四一年），名瑞全，字得全。滿族，北京人。先後拜董智斌和羅百歲為師，專工文丑。後搭班「玉成」、「重慶」、「同慶」唱戲。其嗓音洪亮響堂，念白干淨利落，富于口語化，聽來生動自然，有「小百歲」之稱。他演劇以明朗爽快、灑脫自然而獨創一格，妙趣橫生。曾與楊小樓、尚小雲、龔雲甫、余叔岩、金少山等同臺演劇。戲路較廣。其子慈少泉亦工丑，頗具其父之風。

陸喜才

陸喜才（一八九六年至一九六四年），「富連成」班頭科六大弟子之一。先學花臉，後改武丑。

王福山

王福山（一八九七年至一九六二年），名丑王長林之子，先學武旦，後拜傅小山為師，工武丑，也兼習文丑。曾搭于連泉的班，演文丑戲。其《打瓜園》、《祥梅寺》都不錯，得其父真傳。在班中擔演二路丑角。其嗓音干澀，不如其父。弟子有葉盛章、蕭盛萱，然皆實就學于其父王長林。

賈多才

賈多才（一八九五年至一九六七年），京劇演員，工丑。自幼坐科于二黃梆子兩下鍋之「慶壽和」科班，與老旦李多奎等同科。他功底扎實，戲路寬廣，凡方巾、茶衣諸丑行角色無不能演，尤其擅丑旦戲。曾與諸多名家合作，搭尚小雲班時間最長，并在榮春社教戲。其表演富于創造新意，又不庸俗淺薄。擅演《能仁寺》之賽西施、《拾玉鐲》之劉媒婆、《鳳還巢》之程雪雁等。

王多壽

王多壽（？），清末名丑。于光緒三十年入升平署學戲。後由「慶壽和」科班培養成名。

馬富祿

馬富祿（一九〇〇年至一九六九年），北京人。幼年入「富連成」科班學戲，工文丑，師事蕭長華。坐科時即已享名。出科後再拜傅小山為師，兼演武丑戲。他嗓音洪亮寬厚，口齒干凈利索，念白極響堂。長期與馬連良、荀慧生、于連泉合作。戲路寬廣，能戲頗多，文武兼能，在臺上灑脫自然、火候老到。方巾丑如蔣干、湯勤等；丑旦如黃婆《梅玉佩》、《挑簾裁衣》之王婆等；老丑戲，如《淮河營》之欒布等均頗為出色。其唱功戲尤為精彩。武丑戲能演《連環套》之朱光祖。其子小祿，工老生；次子幼祿，亦工丑行。弟子有艾世菊、張永祿、張金梁等。

茹富蕙

茹富蕙（一九〇四年至一九四九年），京劇演員，工丑，兄茹富蘭工小生。茹富蕙八歲入「富連成」科班學藝，師從蕭長華、郭椿山。茹富蕙嗓音洪亮，口齒清晰，戲路廣博，臺風儒雅，表演不瘟不火，冷峻大方，詼諧不庸俗。袍帶丑、方巾丑、茶衣丑均擅長。曾與奚嘯伯、楊小樓、梅蘭芳、余叔岩、馬連良等合作。其子木春、紹祥均工丑。

葉盛章

葉盛章（一九一二年至一九六六年），祖籍安徽，生于北京。葉春善之第三子。幼年入「福清社」，先學花臉，後改武丑。後轉入「富連成」。文武丑兼學。師從蕭長華、王長林、王福山、郭春山、曹心泉、王連平、沈金戈，在文武丑方面打下了全面基礎。他嗓音脆亮，口齒鋒利，念白如斬釘截鐵，干淨利落。武打講求逼真，動作迅急，驚險靈巧。擅演《巧連環》、《打瓜園》、《九龍杯》、《盜鉤》、《祥梅寺》、《失印救火》等。其文戲文而不溫，武戲武而不燥。他在表演藝術上還頗具創造性。新中國成立後，曾任中國京劇院武丑行主演，除整理出一套傳統武丑戲外，還編排了《東方朔偷桃》、《秋江》等新劇。晚年在北京戲曲學校任教。弟子有張春華、谷春章等。

參考書目

《中國京劇史》（上、中、下） 中國戲曲出版社 一九九〇年版
《京劇知識詞典》 天津人民出版社 一九九〇年版
《京劇史照》 北京燕山出版社 一九九〇年版
《京劇談往錄》 北京出版社 一九八五年版

《京劇二百年概觀》 北京燕山出版社 一九八九年版

《中國戲班史》 沈陽出版社 一九九一年版

《中國大百科全書·戲曲曲藝卷》 中國大百科全書出版社 一九八三年版

《民國史大辭典》 中國廣播出版社 一九九一年版

《北京的會館》 北京燕山出版社 一九九〇年版

《打開京劇之門》 中華書局 二〇〇九年版

《京劇知識詞典》 天津人民出版社 二〇〇七年版

編後

梨園舊匾

智化寺內保存的這七十一方梨園牌匾記錄了北京梨園界從一八八八年至一九四六年的風風雨雨，反映了梨園行藝人的辛酸苦辣。這些牌匾都曾懸挂于梨園公會，是梨園弟子悉出己資敬獻的牌匾。它們或歌頌梨園永固，或盛贊音韻悠揚，或倡導發揚國粹，或敦促謹言慎行，是記錄京劇藝術發展歷程的重要實物資料。

智化寺是明英宗正統年間，司禮監太監王振營建的家廟，本與這些梨園牌匾沒有什么關聯，或許是歷史的機緣巧合，把這些梨園牌匾和這座古老的明代寺廟戲劇性地聯系在了一起。這些梨園牌匾爲何會在智化寺內收藏和保存呢？智化寺業務人員通過咨詢原北京藝術研究所副所長，原北京市文化局資深干部葛獻挺先生，弄清了梨園牌匾的轉移經過。智化寺內所收藏的七十一方梨園牌匾，最初都保存在正陽門外櫻桃斜街的梨園公會。梨園公會解散后，由原梨園公會的秘書長吴嘯伯負責管理這些牌匾。一九五七年，牌匾被北京市文化局的文管會接收，之后又轉交給了北京市文聯管理，其中一部分比較珍貴的牌匾，例如時慧寶題寫的牌匾等，都放在文聯主席老舍先生的辦公室內。「文革」時期，時任北京市文化局文革籌備委員會副主任的葛獻挺同志認爲這些牌匾非常重要，却很可能在「文革」中遭到破壞，爲了保護這些珍貴的牌匾，他建議將這些牌匾送到當時由北京市文化局工程隊負責管理的智化寺內保存。于是，一九六六年七月，在北京市文聯和北京市文化局的安排下，由文化局的葛獻挺和文聯的周世增兩人一起將這七十一塊牌匾送到了智化寺。從此，梨園牌匾就與智化寺結緣，時至今日，這些牌匾仍然保存在智化寺內。一九八四年，智化寺文物保管所正式成立，隸屬于北京市文物局。一九八五年十月，爲了保護智化寺的文物，修繕古建築，北京市文化局工程隊從智化寺內遷出。

一九九二年，智化寺整修工程全部完工，成立了北京文博交流館，并全面向社會開放。二〇〇五年，爲了保護這些珍貴的梨園牌匾，北京文博交流館向北京市文物局申請修復項目，對牌匾進行了修復和加固。

二〇一四年五月至六月，北京文博交流館舉辦了「梨園永固、藝界榮光」——智化寺藏梨園牌匾藝術展，此次展覽受到了廣大觀衆和戲曲愛好者的好評。同時借此展覽之機，文博館決定對《梨園舊匾》這本書進行重新修訂和再版。通過一年來的調查研究，發現原書中記録牌匾中的人名有較多錯誤。造成此現象的原因，一方面是由于牌匾的年代久遠，有些文字剥蝕難認；另一方面可能是由于編者的筆誤。爲此，在著名京劇史研究專家劉嵩崑老師的帶領下，文博館的業務人員走訪了多位藝術家及京劇專業研究人員，其中包括兩位在牌匾中有所記載，并至今健在的老藝人——金玉書和陳慶增。在此基礎上，對史料核實訂正，更正和增補了牌匾中記録的人名三百余位。同時重新測量牌匾尺寸，對牌匾中的人名和文字説明逐一校對，增加了一些京劇名人介紹，彌補了些許空白和遺憾。通過再版《梨園舊匾》一書，讓讀者能更進一步地了解這些牌匾的重要價值。

《梨園舊匾》此書得以再版，要感謝劉嵩崑先生、金玉書先生、陳慶增先生、葛獻挺先生、于連成先生的指導和幫助，感謝北京市文物局對此書出版的大力支持，同時感謝北京燕山出版社對此書出版工作的鼎力相助。